Sozialisation: Weiblich — männlich?

Alltag und Biografie von Mädchen
Band 1

Herausgegeben von der
Sachverständigenkommission Sechster Jugendbericht
Helga Krüger, Gerhild Frasch, Elfriede Bode,
Dieter Baacke, Renata v. Ungern, Gabriele Naundorf.

Redaktion: Winfried Krüger, Carola Möller, Marianne Weg

Carol Hagemann-White

Sozialisation: Weiblich — männlich?

Leske Verlag + Budrich GmbH, Opladen 1984

Dr. Carol Hagemann-White, geb. 1942, Studium in den USA und in Berlin, seit 1976 Privatdozentin für Soziologie an der Freien Universität; derzeit selbständige Forschung als Vorstandsmitglied des B.I.S. (Berliner Institut für Sozialforschung und sozialwissenschaftliche Praxis e.V.). Lehrtätigkeit an der F.U. Berlin und an den Universitäten Gießen und Münster. 1977-1980: praxisintegrierende wissenschaftliche Begleitforschung im Berliner Frauenhaus (Abschlußbericht: Hilfen für mißhandelte Frauen 1981; 1981-1983: Sprecherin der Sektion Frauenforschung in der Deutschen Gesellschaft für Soziologie; seit 1984: wissenschaftliche Begleitung zum Modellprojekt „Hilfen für suizidgefährdete Kinder und Jugendliche" in Berlin.

Titelfoto: Ullstein-Süssenbach

CIP-Kurztitelaufnahme der Deutschen Bibliothek

Alltag und Biografie von Mädchen / Hrsg. von d.
Sachverständigenkomm. Sechster Jugendbericht
Helga Krüger . . . Red. Winfried Krüger . . . —
Opladen: Leske und Budrich
NE: Krüger, Helga (Hrsg.): Sachverständigenkommission
Sechster Jugendbericht

Bd. 1. Hagemann-White, Carol: Sozialisation:
weiblich — männlich. — 1984

Hagemann-White, Carol:
Sozialisation: weiblich — männlich / Carol
Hagemann-White. — Opladen: Leske und Budrich,
1984.
(Alltag und Biografie von Mädchen; Bd. 1)
ISBN: 3-8100-0473-1

©1984 by Leske Verlag + Budrich GmbH, Leverkusen.
Gesamtherstellung: Hain Druck GmbH, Meisenheim/Glan
Printed in Germany

Vorbemerkung der Sachverständigenkommission

Alltag und Biografie von Mädchen sind vielfältig und reichhaltig an gesellschaftlichen Erfahrungen und Widersprüchen; nur ist viel zu wenig davon bekannt. Die vorliegende Reihe veranschaulicht diesen Alltag, liefert Daten, analysiert den gesellschaftlichen Kontext und macht hierüber die Besonderheiten weiblicher Existenz deutlich. Sie stellt den Lebenszusammenhang von Mädchen in den Mittelpunkt, um von hier aus eine angemessene Sichtweise der Probleme und neue Perspektiven für Mädchen und Frauen zu entwickeln.

In Forschung und wissenschaftlicher Literatur über Kinder- und Jugendfragen kommen Mädchen wenig vor, da durchwegs ohne Unterscheidung über die Lebenskonzepte, die Berufsorientierung, Ausbildungs-, Schul- oder Freizeitprobleme, Familiensituation und Konfliktlagen „der Jugendlichen" oder der „Kinder" nachgedacht wird. Schon bei erstem Hinsehen zeigt sich: Es wird praktisch nur von Jungen berichtet – Mädchen erscheinen subsumiert bzw. allenfalls als eine (defizitäre) Untergruppe des „Normalfalls" der männlichen Jugendlichen. So bleiben die durch die geschlechtsspezifische Arbeitsteilung in der Gesellschaft bedingten Merkmale ihrer Lebenssituation unsichtbar: die Interessen und Denkweisen von Mädchen, ihre Stärken und die ihnen zugemuteten Benachteiligungen, ihre Probleme sind kein Thema. Es geht um „Schüler", „Arbeiterjugendliche", die „Alternativszene" – aber nicht um Schülerinnen, Arbeitermädchen, Mädchen in Alternativbewegungen . . . .

Das Spektrum dieser Reihe umfaßt unter anderem: die Sichtweise des „weiblichen Sozialcharakters" in den Sozialisationstheorien; Mutter/Tochter- und Vater/Tochter-Beziehungen in der Familie, den Sexismus in der Schule, im Kindergarten, in der Beratungspraxis und in Heimen, die Weiblichkeitsbilder in den Medien; Untersuchungen zur Lebenssituation von Mädchen ohne Ausbildung, von behinderten Mädchen und Mädchen auf dem Lande; sexuelle Gewalt gegen Mädchen ist ebenso Thema wie die Diskriminierung von Mädchen im geltenden Recht; Alternativen der Mädchenarbeit werden aufgezeigt sowie theoretische und praktische Ansätze einer kulturpolitischen Bildung für Mädchen und Frauen.

Die Arbeiten sind als Expertisen zum 6. Jugendbericht entstanden, der das Thema „Verbesserung der Chancengleichheit von Mädchen" zum Gegenstand hat. Ihre Veröffentlichung in dieser Reihe wurde finanziell vom Bundesminister für Jugend, Familie und Gesundheit gefördert. Die Expertisen waren eine der Grundlagen für die Sachverständigenkommission, die zu Beginn ihrer Arbeit die erheblichen Informations- und Forschungslücken auf allen Gebieten feststellen mußte. Um sie zu schließen, wurden Wissenschaftler/innen und Praktiker/innen mit den oben genannten Themen beauftragt.

Der vorliegende Band „Sozialisation: Weiblich-männlich?" von Carol Hagemann-White bietet eine kritische Bestandsaufnahme zur Forschung über Geschlechtsunterschiede im Verhalten und in den Fähigkeiten von Mädchen und Jungen. Gezeigt wird, daß die Forschungsergebnisse Annahmen über biologische/physiologische Ursachen für Geschlechtsunterschiede nicht belegen können. Ebensowenig kann die Annahme „anerzogener", d. h. durch geschlechtsspezifische Erziehung bedingter Sozialcharaktere von Mädchen und Jungen als bestätigt gelten. Wohl aber entwickeln Kinder ein Bewußtsein der ihnen vermittelten Normen und Erwartungen, nach denen es einen Unterschied macht, ob eine Frau oder ein Mann „dasselbe" tun. Mädchen und Jungen haben also ein Verhaltensrepertoire, das sich weitgehend überschneidet — im Alltag wird jedoch hiervon ein bestimmter Teil — verschieden nach Geschlecht — abgerufen, bzw. zur Kenntnis genommen, sodaß sich ein „geschlechtstypisches Verhalten" durchzusetzen scheint.

Inhaltsübersicht

I. Sind geschlechtsspezifisch unterschiedliche Charaktere empirisch nachweisbar?

1. Zur Geschichte der Erforschung von Geschlechtsunterschieden

Die Bemühung, Unterschiede zwischen den Geschlechtern nachzuweisen, begleitet die Psychologie seit ihren Anfängen. Markieren wir die Abnabelung der Psychologie von der Philosophie mit der Gründung psychologischer Laboratorien durch Wilhelm Wundt in Leipzig und durch William James an der Havard-Universität, beides im Jahre 1895, so finden wir schon im ersten Jahrzehnt einen großangelegten Versuch, durch Messungen an fast 10.000 Besuchern der International Health Exhibition die Unterschiede zwischen den Geschlechtern zu belegen. Francis Galton, der diese Erhebung durchführte, war zugleich am Beweis der rassischen Überlegenheit der Briten über die Kolonialvölker interessiert (er gründete auch die „Eugenische Gesellschaft" zur Erhaltung der Reinheit britischen Blutes). Er glaubte, seine Überzeugungen wissenschaftlich bewiesen zu haben: daß britische Männer sowohl ihren Frauen wie auch anderen Rassen natürlich überlegen seien (*Sherif* 1979, S. 115).

Die spätere Entwicklung der Erforschung von Geschlechtsunterschieden wurde in den USA, wo der weitaus größte Teil der heute relevanten Forschung stattgefunden hat, von zwei weiteren Bereichen beeinflußt: von der Testkonstruktion und der Erforschung der Affen. R. M. Yerkes war eine Schlüsselfigur: als begeisterter Vertreter von „human engineering" entwickelte er im ersten Weltkrieg Intelligenztests für die Armee, um angeborene Überlegenheit und Eignung für befehlsgebende Positionen zu ermitteln. In den 20er Jahren richtete Yerkes dann das erste umfassende Forschungsinstitut für die psychobiologische Untersuchung von Affen ein. Schwerpunkte der Forschung waren einerseits die Intelligenz, andererseits das geschlechtsspezifische Verhalten der Affen. Jedoch nicht nur vermittelt über die Erforschung der Affen sondern auch unmittelbar übte Yerkes Einfluß auf die Erforschung menschlicher Geschlechtsunterschiede aus. Er war 25 Jahre lang Vorsitzender des „Ausschusses für Forschung über Probleme des Geschlechts", der von 1922 bis einige Zeit nach dem 2. Weltkrieg der wichtigste finanzielle Träger von Forschung über Geschlechtsunterschiede, über Hormone und Verhalten, über Ehe und Sexualverhalten in den USA war (*Haraway* 1978, S. 27-30).

Diese verschiedenen Tätigkeitsbereiche hatten eine — nicht nur von Yerkes vertretene — gemeinsame Ideologie: daß Dominanz und Unterordnung, Unterschiede in den Aufgaben und Privilegien zwischen sozialen Gruppen eine wissenschaftlich exakt meßbare „natürliche" Grundlagen hätten. In Deutschland gründete *Pfitzner* (1902) eine Tradition der „Beweise", daß Kopfumfang,

Gehirngewicht, Intelligenz und soziale Schicht sich jeweils entsprächen, sodaß Klassenzugehörigkeit biologisch bedingt sei — ein Ansicht, die bei Humanbiologen wie Knussman (Autor der *Stern*-Serie 1982 über angeblich hormonell verursachte Geschlechtsunterschiede) bis heute fortgesetzt wird (*Seidler* 1981). Der Rassismus dieser Ideologie in Deutschland richtete sich besonders gegen Osteuropa; z. B. verglich W.H. Riehl die Frauen mit den Slaven als beide natürlich unterlegen (vgl. *Janssen-Jurreit* 1976, S. 84 ff.). In den USA wurden IQ-Tests entwickelt, die bis heute nachteilig für ethnische Minderheiten sind; ihre Verwendung zur Feststellung von Beförderungseignung in der Armee beließ Schwarze systematisch in untergeordneten Stellen. Bei der Geschlechterforschung wurden und werden Schwarze weitgehend ausgeklammert.

Von zentraler Bedeutung in dieser Ideologie war und ist der Begriff der *Natur*, worüber insbesondere das Studium der Menschenaffen Aufschluß geben sollte. Denn die Suche nach einer — von aller Kultur noch „unverdorbenen" — menschlichen Natur verengte sich rasch auf die Unterschung der Physiologie der Fortpflanzung; für die Menschenaffen wurde beispielsweise von Zuckermann verallgemeinernd behauptet, die Regelung der Fortpflanzung determiniere das gesamte Sozialverhalten der Gruppe (*Haraway* 1978, S. 43-44). Vermutlich erschien diesen Wissenschaftlern die Sexualität des Menschen auch als ein Stück ungebändigte Natur. Zudem verstärkte wohl die Rezeption von Freuds Theorien die Annahme, daß die Sexualität weitreichende Auswirkungen auf das Sozialverhalten der Menschen habe. Jedenfalls haben die Forscher, die über Affen schrieben, oft und gerne die Ansicht der alles determinierenden Wirkung der Sexualphysiologie auf die Menschen übertragen. Natur hieß also immer auch *Geschlecht*, und zwar als etwas, was die Menschen in allem, was sie tun und lassen, jeweils von einander unterscheidet.

Es ist in der empirischen Psychologie üblich gewesen, evtl. auftretende Geschlechterdifferenzen in den jeweiligen Meßwerten mitzuteilen. Da dies in der Vorannahme geschah, daß die Geschlechter unterschiedlich sind, wurde, wenn kein Unterschied auftrat, dies nicht berichtet, oft sogar das Geschlecht der Versuchspersonen nicht erwähnt. Sehr viele der Forschungsergebnisse, die als Beleg für Geschlechterunterschiede angeführt worden sind, waren methodisch zu einer solchen Schlußfolgerung nicht geeignet. Nebenbei aufgefallene, sehr kleine und zufällige Unterschiede wurden auf dem Hintergrund einer entsprechenden Erwartungshaltung zum Ausgangspunkt spekulativer Theorien gemacht.

Zwei Vorurteile können von den Anfängen der Psychologie bis heute verfolgt werden: die Überzeugung, daß die Frau durch ihre Fortpflanzungsfunktion als Person geprägt und festgelegt ist; und die Erwartung, daß Verhalten, Leistungen und Fähigkeiten der Menschen nach Geschlecht unterschiedlich sind, wobei jeder Unterschied zumeist als Überlegenheit des Mannes gedeutet wird. Es hat an scharfer Kritik dieser Vorurteile nicht gemangelt. Um die Jahrhundertwende promovierten mehrere Frauen in Psychologie mit Widerlegungen der Auffassung, daß die Menstruation die Leistungen der Frau herabsetze (*Sherif* 1979, S. 95). Dennoch ist der weitaus größte Teil der Literatur bis etwa 1970 von solchem Vorurteil geprägt. Wie die neueren kritischen Beiträge (*Haraway* 1978, *Sherif* 1977, *Sherman* 1978, *Unger*1979 u.a.) zeigen, bewirken die ideologischen Vorurteile in der bis dahin vorherrschenden Psychologie der Geschlechterunterschiede ein erschreckendes Maß an methodischer Nachlässigkeit, Vernachlässigung der statistischen Überprüfung quantitativer Daten, massiv verfälschendem Zitieren von Untersuchungsergebnissen sowie kurzgeschlossenen und überzogenen Deutungen von Korrelationen auch bei sehr kleinen Stichproben. Wo der erwartete Unterschied sich nicht in den Daten abzeichnen wollte, griffen manche Wissenschaftler in die Trickkiste: Garai und Scheinfeld haben z. B. für ihren zeitweilig einflußreichen Überblick über den Forschungsstand (1968) beschlossen, daß der gesamte Reifungsprozeß von Jungen gegenüber dem von Mädchen verlangsamt sei, daher der Vergleich zwischen Gleichaltrigen eine versteckte Benachteiligung der Jungen bedeute. Immer dann, wenn die Forschungsberichte keinen Unterschied zwischen den Geschlechtern vorwiesen, haben sie dies also als einen Beleg für die Überlegenheit der Jungen angeführt (vgl. *Parlee* 1975, S. 128-29; *Sherman* 1978, S. 31)!

In den frühen 70er Jahren begann eine „Tendenzwende" quer durch die Sozialwissenschaften in ihren Aussagen über Unterschiede und sozialen Status der Geschlechter. Die radikale Kritik „von außen" an der wissenschaftlichen Untermauerung traditioneller Geschlechterrollen strömte zusammen mit der jahrelangen sorgfältigen Arbeit vor allem von Frauen innerhalb der Psychologie, der Soziologie, der Ethnologie; und die gegenseitige Verstärkung verwandelte schnell das Bild vom „Stand der Forschung". Eine gar nicht neue wissenschaftstheoretische Erkenntnis wurde erneut unübersehbar: daß die Wissenschaft von historisch und gesellschaftlich bestimmten Menschen gemacht wird, daß die „Daten", der Gegenstand der Forschung selbst im Forschungsprozeß konstituiert wird. Hatte Eleanor Maccoby 1966 einen Sammelband herausgegeben, worin eine große Anzahl von Unterschieden in den Fähigkeiten und dem Verhalten der Geschlechter als gesichert dargestellt wurde, so hatte das 1974 erschienene Folgewerk von Maccoby und Jacklin eine deutlich andere Sichtweise. Bei diesem Versuch, alle einschlägigen Untersuchungen unter systematischen Gesichtspunkten zu sichten, wurden auch diejenigen Ergebnisse berücksichtigt, die keinen Geschlechtsunterschied aufwiesen. Am Ende bleiben nur noch wenige Bereiche, in denen Unterschiede zwischen den Geschlechtern eindeutig belegt sind, und selbst diese waren oft erst nach der Pubertät, d. h. zu einem sehr späten Zeitpunkt erkennbar.

Nach hundertjähriger Geschichte der Erforschung von Geschlechtsunterschieden kommt es in der Psychologie erst heute zu Fragestellungen und Forschungsentwürfen, die das Verhältnis zwischen Einflußfaktoren und Verhalten untersuchen. Erst dann kann sinnvollerweise gefragt werden, ob diese Einflußfaktoren typischerweise bei einem Geschlecht häufiger wirken als beim anderen. Die unreflektierte Annahme, daß das Geschlecht selbst als letzte Ursache für Verhalten zu vermuten sei, stand einer solchen Forschung bislang im Wege. Diese Annahme war eine Verlängerung der Reduktion der Frau auf Eierstöcke und Gebärmutter, die von Philosophen und Psychologen des 19. Jahrhunderts offen ausgesprochen wurde.

2. Stand der empirischen Forschung über Unterschiede im Verhalten der Geschlechter in der Kindheit und Pubertät

Für unsere Diskussion von Geschlechtsunterschieden wird zunächst der Begriff „geschlechtstypisch" im Sinne von Degenhardt aufgenommen. Er bezeichnet Merkmale, „die zwischen den Geschlechtern nach Auftretenshäufigkeit oder Intensität differieren, d. h. zwischen den Geschlechtern deutlich stärker variieren als innerhalb eines Geschlechts" (*Degenhardt, Trautner* 1979, S. 11). Diese im Prinzip einleuchtende Bestimmung erweist sich als schwer anwendbar, da die Bandbreite der Variation innerhalb eines Geschlechts in der Regel sehr groß ist. Es gibt kaum Verhalten, das ausschließlich bei einem Geschlecht vorkommt; für alle in der Forschung thematisierten Bereiche gibt es sogar recht erhebliche Überschneidungen, so daß die Variation innerhalb eines Geschlechts auf jeden Fall größer als die Differenz zwischen den Mittelwerten für jedes Geschlecht ist. Im Prinzip ist es möglich, sowohl die Bandbreite der Variation innerhalb jeder Gruppe als auch den Unterschied zwischen den Mittelwerten beider Gruppen statistisch auszudrücken. In der überwiegenden Mehrzahl der Forschungsberichte wird jedoch die Standardabweichung bzw. überhaupt Auskunft über die Form der Häufigkeitsverteilung nicht mitgeteilt; lediglich Mittelwertsvergleiche werden angeführt.

Man kann sich durch Kurvenzeichnungen leicht davon überzeugen, daß eine gegebene Differenz der Mittelwerte zwischen zwei Gruppen um so weniger differenziert, je breiter die Variation innerhalb jeder Gruppe, d. h., je flacher die Kurve ist. Zudem erfahren wir meist nicht, ob für beide Gruppen die Verteilung einer Normalkurve entspricht. Das wäre aber für die Einschätzung der Bedeutung des Unterschiedes notwendig.

Informationen über Verteilungskurven bzw. Varianz, die für eine Einschätzung der Geschlechtstypik notwendig wären, liegen am ehesten bei schriftlichen Erhebungen mit größeren Stichproben vor. Diese gibt es bei Leistungstests (besonders bei Schulleistungen), die ein objektives Maß für kognitive Fähigkeiten zu enthalten beanspruchen, sowie für die ausgesprochen subjektiven Rating-Verfahren in bezug auf die eigene Persönlichkeit. Letztere Verfahren haben den Anspruch, solche Merkmale der Persönlichkeit, die das Verhalten beeinflussen, auch schon im Bereich der Gefühle und des Selbstbildes zu erfassen. Auf den Forschungsstand in diesen beiden Bereichen wird weiter unten gesondert eingegangen, da ihre Ergebnisse nicht ohne weiteres mit den Daten aus andersartigen Untersuchungen zusammengefaßt werden können. An dieser Stelle soll jedoch auf die prinzipiellen Grenzen ihrer Möglichkeiten aufmerksam gemacht werden.

Allgemeine Übereinstimmung besteht darüber, daß meßbare gedankliche Leistungsfähigkeiten insofern bedeutsam sind, als sie wichtige Lebenschanchen eröffnen (aber nicht sichern) können. Bekannt ist auch, daß Wissen und Können erworben, trainiert, gefördert oder behindert werden können. Umstritten ist aber das Ausmaß der grundsätzlichen Lernfähigkeit aller (oder der großen Mehrheit) in der Gesellschaft. In der Tradition der Intelligenztests, die ihre Anfänge dem Glauben an angeborene Unterschiede der Begabung verdanken, hat die Erforschung kognitiver Fähigkeiten bislang zu wenig die Bedingungen des Erwerbs dieser Fähigkeiten untersucht und miterfaßt. Es kam vor, daß man einige Übungsstunden im Labor veranstaltete, und wenn die Versuchspersonen ihre Leistungen nicht durch diese Übungen verbesserten, wurde die Fähigkeit als „vom Lernen unbeeinflußt" hingestellt. So etwa geschah es mit dem räumlichen Orientierungsvermögen, das als Anzeichen für „Feldunabhängigkeit", d.h. Fähigkeit zu abstraktem, rationalem Denken, betrachtet wurde. Daß die Lernzeiten länger oder die geeignete Didaktik eine andere sein könnten, wurde nicht mehr bedacht. Dort hingegen, wo die Bedingungen des Erwerbs von Fähigkeiten miterfaßt werden (z. B. unter Berücksichtigung der absolvierten Unterrichtsjahre in einschlägigen Fächern) fallen die Unterschiede zwischen sozialen Gruppen geringer aus oder erscheinen nicht mehr.

Selbst die größten Unterschiede, die zwischen den Geschlechtern berichtet werden, sind ohne Zweifel weit geringer als die Variation innerhalb eines Geschlechts. Weit ausgeprägter sind Leistungsunterschiede nach sozialer Schicht des Elternhauses, welche ja mit starken Unterschieden in den außerschulischen und schulischen Lernbedingungen zusammenhängen. Geschlechtsunterschiede in Schulleistungen scheinen auch wesentlich leichter durch sozialpolitische Bemühungen aufhebbar als solche der sozialen Schicht. Dies kann an der Entwicklung des Anteils der Mädchen an Abiturprüfungen in der Bundesrepublik und Westberlin beobachtet werden. Welche Unterschiede in der kognitiven Feinausstattung von Menschen die Forschung noch entdecken mag, sie vermögen kaum die erheblichen Unterschiede zwischen den Lebensläufen, den Berufsbiographien und den familiären Belastungen zwischen den Geschlechtern zu erklären.

Mehr Aufschluß über die Entstehungsbedingungen geschlechtstypischer Lebenslagen wäre von der Erfassung unterschiedlicher, geschlechtstypischer Persönlichkeitsmerkmale zu erwarten. Die Verfahren, die eine Selbstbeschreibung anhand vorgegebener Kategorien auf einer Skala einholen, bestätigen dann auch, daß Frauen und Männer unterschiedliche Mitteilungen über ihr Selbstbild machen. Gerade diese Forschung zielt aber auf einen Bereich, der mit normativen Vorgaben dicht gesät ist. Es bleibt unklar, inwieweit die Befragten die „sozial erwünschte" und für ihr Geschlecht angepaßte Ant-

wort geben. Subtiler noch ist die Schwierigkeit, daß jemand das eigene norm-
abweichende Verhalten wie durch ein Vergrößerungsglas sehen könnte. In
der Sozialpsychologie ist bekannt, daß gleiches Verhalten unterschiedlich
wahrgenommen und bewertet wird, je nachdem, ob eine Frau oder ein Mann
es tut. Es ist davon auszugehen, daß dies genauso für die Selbstwahrnehmung
gilt.

Für die Erhebung von Selbsteinschätzungen spricht der Grundsatz, daß
die Menschen sich selbst am besten kennen. Außerdem können solche Erhebungsverfahren für größere Populationen standardisiert werden und sind dann
leicht und zuverlässig anzuwenden. Inwieweit dabei stabile „Eigenschaften"
erfaßt werden, dürfte so umstritten wie die Eigenschaftspsychologie selbst
sein. Überzeugender sind Ansätze, die Lernfähigkeit und Veränderungen durch
den ganzen Lebenslauf annehmen und die situationsspezifische Ausrichtung
des Verhaltens betonen. Dem widerspricht nicht, daß eine bestimmte Selbstwahrnehmung für eine gewisse Zeit und in den meisten Alltagssituationen gelten wird. Wenn aber etwa *Spence* und *Helmreich* (1978) den Anspruch er-
heben, mit solchen schriftlichen Selbsteinschätzungen „den psychologischen
Kern von Weiblichkeit und Männlichkeit" zu erfassen, ist dies deutlich über-
zogen. Sogar diese Autoren betonen aber, daß die in der Selbsteinschätzung
mitgeteilten Eigenschaften eine nur schwache Beziehung zum tatsächlichen
Verhalten im Sinne der Geschlechterrolle aufweisen. Wir haben hier also
eine Forschungsbranche, die z.T. recht zuverlässig geschlechtstypisches Verhalten bei der Niederschrift von Selbsteinschätzungen erfaßt, uns jedoch
nicht zeigen kann, ob und wie das „weibliche" oder „männliche" Selbstbild
für andere, lebenspraktisch relevantere Verhaltensweisen wirksam wird. Daher
werden diese Untersuchungen an nachgeordneter Stelle behandelt.

2.1 Unterschiede im Sozialverhalten

Ein Hauptinteresse der Erforschung von Geschlechtsunterschieden richtet
sich auf die Überprüfung der im Alltag geltenden Annahme, daß Mädchen
und Jungen sich wirklich sehr unterschiedlich verhalten. Vor allem das Sozialverhalten, aber auch die emotionalen Bedürfnisse wie Anhänglichkeit oder
Angst werden gemeinhin für so verschieden gehalten, daß unterschiedliche
Umgehensweisen in der Pädagogik und in der Familie selbstverständlich sind.
In der Tat können einzelne Untersuchungen, die geschlechtstypisches Verhalten durch Beobachtungen oder Experimente erfassen wollen, auf vertraut
wirkende Unterschiede verweisen. Diese Untersuchungen haben oft kleine
Stichproben: eine Gesamtheit von 30 bis 40 Kindern ist nicht ungewöhnlich.
Im allgemeinen gilt: Je stärker versucht wird, den Sinn und den Kontext von
Verhalten mitzuerfassen, desto schwieriger wird es, die Untersuchung mit
einer größeren Stichprobe durchzuführen. Besonders bei kleineren Stichproben sind Verallgemeinerungen äußerst fragwürdig: Es gibt keine Kriterien

dafür, wann eine Stichprobe als repräsentativ, oder zumindest nicht verzerrt, für die Gesamtheit der Geschlechtsangehörigen gelten kann. Eine Unmenge von Untersuchungen und äußerst schlechte Voraussetzungen für deren Vergleich, erst recht für Verallgemeinerung, kennzeichnen die Forschungslage. Um eine gewisse Grundorientierung zu ermöglichen, haben Maccoby und Jacklin eine Methode entwickelt, die zwischen Sammelreferat und Sekundäranalyse liegt. Sie prüften ca. 1.600 Untersuchungen, die größtenteils zwischen 1966 und 1973 erschienen waren, nach Themenbereichen gegliedert darauf hin, inwieweit sie Unterschiede zwischen den Geschlechtern aufweisen, und ob der Unterschied jeweils in die gleiche Richtung weist (*Maccoby/Jacklin* 1974). Bei einem Unternehmen diese Umfangs verwundern nicht eigene Fehler (vgl. *Sherman* 1975, *Block* 1976); auch beschränkten sich die Verfasserinnen schwerpunktmäßig bewußt auf Untersuchungen mit Kindern und Jugendlichen, mit Betonung der jüngeren Altersgruppen.

Die Methode der Summierung der Ergebnisse vieler Untersuchungen, die jede für sich andere Variablen, andere Erhebungsverfahren hatten, ermöglicht vor allem **negative** Aussagen von begrenzter Reichweite. Hätte entweder die Physiologie oder die Sozialisation deutliche, ausgeprägte Unterschiede zwischen Mädchen und Jungen hervorgebracht, so hätten diese inzwischen gut dokumentiert sein müssen. Wenn aber bei 24 Untersuchungen 3 eine Überlegenheit der Mädchen, 6 eine Überlegenheit der Jungen, und der Rest keinen signifikanten Unterschied ausweisen (dies ist etwa die Lage hinsichtlich Konkurrenzverhalten), so kann man schlußfolgern, daß ein eindeutiges Muster geschlechtypischen Verhaltens nicht vorliegt. Allenfalls könnten wir vermuten, daß komplexe Bedingungen dazu führen, daß manche Personen sich stärker konkurrent verhalten als andere, und daß das Geschlecht zusammen mit anderen Bedingungen eine Bedeutung haben kann. Aber weder das Vorurteil, daß verschiedene Verhaltensweisen von Mädchen und Jungen angeboren sind, noch die gängige Verallgemeinerung, die von einer geschlechtypischen Konditionierung des Verhaltens schon im Vorschulalter spricht, ist mit einer derartigen Forschungslage vereinbar.

Maccoby und Jacklin neigen eindeutig zu der „Nullhypothese" (daß keine Geschlechtsunterschiede bestehen) in den meisten Bereichen. Umstritten ist ihre Schlußfolgerung vor allem in den Bereichen, wo mehr als die Hälfte der Untersuchungen keinen Unterschied zwischen den Geschlechtern zeigen, diejenigen aber, die einen Unterschied finden, alle oder fast alle in die gleiche Richtung weisen. Diese Kontroversen sind in der Tat kaum entscheidbar, ohne auf die Vor- und Nachteile der Methoden der einzelnen Untersuchungen einzugehen, was im Sammelreferat zumeist nicht leistbar war.

So kommt es dazu, daß bei den deutschsprachigen Referaten über den Forschungsstand (unter Ausklammerung der kognitiven Fähigkeiten) etwa *Degenhardt* (1979) sieben Bereiche nennt, in denen es „eindeutige Geschlechtsunterschiede" gäbe, *Merz* (1979) drei und *Keller* (1979) nur einen (nämlich aggressives Verhalten). Klärend wäre vielleicht festzustellen, daß Bereiche, in denen über die Hälfte der Untersuchungen keinen Unterschied feststellen, wohl kaum als „geschlechtstypisches Verhalten" im Sinne der Definition von Degenhardt (s.o.) gelten könnten, da die Variation innerhalb eines Geschlechts offensichtlich relativ zu der Differenz zwischen den Mittelwerten der Geschlechter groß ist. Es könnten Unterschiede in der Häufigkeitsverteilung von Merkmalen zwischen den Geschlechtern dennoch bestehen, oder es kann Konstellationen von Bedingungen geben, deren Zusammentreffen das Erscheinen eines Verhaltens bei dem einen Geschlecht wahrscheinlicher machen. Das Geschlecht wäre dann einer von mehreren relevanten Faktoren, hätte jedoch für sich genommen keine eindeutige Wirkung. Dafür spricht, daß Untersuchungen, die Unterschiede nach Geschlecht aufweisen, in den höheren Altersstufen eher zunehmen.

Hinsichtlich der *Motorik* und des *Aktivitätsniveaus* ist die Meinung verbreitet, daß männliche Kinder aktiver sind: eher die Grobmotorik in Bewegung setzen, sich mit mehr Energie und weiter ausgreifend bewegen. Die von Maccoby und Jacklin referierten Untersuchungen zeigen keine Unterschiede im ersten Lebensjahr, und die große Mehrzahl der Untersuchungen weist auch keinen Unterschied bis zum Alter von 6 Jahren aus. Eine neuere Untersuchung (Teil einer Langzeitstudie) findet auch bis ca. 4 Jahre keinen Unterschied (*Feiring/Lewis* 1980). Erst die Erhebungen mit Kindern im Schulalter finden Geschlechtsunterschiede oft genug, um allgemeinere Tendenzen zu vermuten; die Datenbasis für diese Studien ist jedoch meist die Einschätzung von Lehrer/innen, selten direkte Beobachtung. Wie *Clarricoates* (1978) zeigt, haben aber Lehrer/innen zumeist die Überzeugung, daß mehr Aktivität, Unruhe und (aus der Lehrerperspektive am wichtigsten) Disziplinschwierigkeiten von Jungen zu erwarten sind, so daß hier eine Wahrnehmungsverzerrung möglich wäre.

Die Untersuchungen über Grob- und Feinmotorik sind zu einem großen Teil älteren Datums. Fast alle neueren Untersuchungen mit Kindern im Vorschulalter zeigen keinen Unterschied nach Geschlecht. Die gefundenen Unterschiede bei Kindern im Schulalter hängen offensichtlich von der Art der Aufgabe ab, ob beispielsweise die ganze Hand oder eher nur die Finger gebraucht werden, ob es auf Genauigkeit oder auf Schnelligkeit ankommt.

Insgesamt scheint die Feststellung gerechtfertigt, daß im Schulalter Jungen eher von der Grobmotorik Gebrauch machen, wobei sie auch mehr draußen spielen, sich mehr raufen, und weiter von zu Hause weg gehen dürfen. Mädchen machen von der Feinmotorik unter bestimmten Bedingungen geschickter oder eher Gebrauch. Die Unterschiede sind im Vorschulalter nicht ausgeprägt, falls überhaupt vorhanden, und liegen im Rahmen dessen, was bei unterschiedlicher Übung zu erwarten wäre. Das bedeutet: Unterschiedliche Fähigkeiten müssen ebenso bezweifelt werden wie unterschiedliche Antriebe zur Aktivität nach Geschlecht. Denn die nach Geschlecht unterschiedlichen Aktivitäts*angebote* bieten Gelegenheit zur Übung, deren Wirkung im Alter von 6 Jahren und darüber ohnehin erkennbar ist, wenn verschiedene Familien oder verschiedene soziale Schichten verglichen werden.

Im Bereich des *Gehorsams* gegenüber Erwachsenen zeigen die meisten Untersuchungen, daß Mädchen im Alter von 2 bis 5 eher bereit sind, Anweisungen (von Müttern, Versuchsleitern) zu befolgen; in den anderen Untersuchungen (insbesondere bei Kindern unter 2 und bei älteren Kindern) wird kein Unterschied festgestellt. Dieses Verhalten wird als zugleich geschlechts- und alterstypisch bewertet werden müssen und entspricht einigen im III. Teil zu besprechenden Thesen über die unterschiedlichen Verläufe der psychischen Ablösung von der primären Bezugsperson.

Furcht und *Angst* zeigen, wie zu erwarten wäre, unterschiedliche Ausprägungen je nach Anlaß und Situation. Alle Untersuchungen, die Unterschiede feststellen, finden Furcht und Angst stärker ausgeprägt bei Mädchen, jedoch erst ab 8 Jahren; nur sehr wenige Studien finden bei jüngeren Kindern einen Unterschied nach Geschlecht. Diese Untersuchungen basieren durchweg auf Selbsteinschätzungen in Fragebogenform – gelegentlich in besonderen Situationen, die zur Aktualisierung von Ängstlichkeit gedacht sind, meist jedoch ohne diese Begleitumstände. Gerade bei Kindern ist die *Verleugnung* von Angst eine wichtige Bewältigungsstrategie, die oft in Verbindung mit Fantasien von Größe und Stärke oder auch mit Aggressivität (Identifikation mit dem Aggressor) vorkommt. Die Vermutung von Maccoby und Jacklin (1974, S. 189), daß Personen, die sich ihre Angst eher eingestehen, wahrscheinlich sich auch real ängstlicher verhalten, dürfte – zumindest bei Kindern – allenfalls dann zutreffen, wenn Gleichaltrige bei einer „Mutprobe" zuschauen. Ebenso gut zu begründen wäre die These, daß Kinder, die frei über Ängste sprechen können, sich davon weniger massiv bedroht fühlen und real vielleicht weniger ängstlich sind. Später im Leben dürfte sich dies eher umkehren: Wer seinem/ihrem Selbstbild nach ängstlich ist und bestimmte Situationen jahrelang deshalb meidet, entwickelt schon aufgrund des Erfahrungsrückstandes und auch aufgrund des Selbstbildes eine immer größere Hemmschwelle. Wir können also zusammenfassend feststellen, daß die Bereitschaft, sich als ängstlich zu beschreiben, ab Beginn des Schulalters geschlechtstypisch stärker bei Mädchen ist, können aber keine Schlüsse auf Angst und Furcht ziehen.

Die Erforschung von „*Dominanz*" als Merkmal oder Eigenschaft ist aus der Tradition der Theorien der „Affengesellschaft" entstanden. Die Affenforschung war lange Zeit von der Ideologie beherrscht, daß die Sozialstruktur einer Affengruppe von der Dominanzhierarchie unter den Männchen bestimmt sein müsse, daß diese wiederum durch Sexualhormone bedingt und für die Fortpflanzung funktional sei, und daß schließlich die Basis der Menschengesellschaft als „reine Natur" eben in diesen Dominanzbeziehungen zu finden sein werde. Dementsprechend wurde Dominanz ausschließlich als von den Affenmännchen bestimmt gesehen. Erst seit kurzem wird eine andere Blickrichtung erkennbar, die mit sorgfältigen Studien diese Tradition in Frage stellt: in nicht wenigen Affengesellschaften sind es die Weibchen, die die Hierarchie bzw. die sozialen Zusammenhänge eher bestimmen (*Tavris/Offir* 1977, S. 98 f.; *Haraway* 1978).

Mit der Infragestellung der Affenperspektive stellt sich nun die Frage, inwieweit Dominanz eine erkennbare Eigenschaft bei Menschen ist. Ein Teil der Untersuchungen beruft sich unmittelbar auf affenähnliche Hierarchien, indem Kinder aufgefordert werden, sich und andere in eine Hackordnung einzureihen. Es bleibt dabei unklar, inwieweit die Kinder etwas anderes als Aggressivität dabei werten.[1] Andere Untersuchungen stellen Kindern eine kooperative Aufgabe (zusammen ein Bild zu malen) und beobachten, welches Kind dabei stärker den Ablauf bestimmt; noch andere Untersuchungen bieten eine Belohnung dafür an (oder beobachten), daß Kinder sich *gegen* andere durchsetzen (sie sollen z. B. andere dazu überlisten oder überreden, bitter schmeckende Kräcker zu essen). Schließlich werden Lehrereinschätzungen erbeten, welche Kinder „Anführer" in der Klasse sind. Die tabellarische Auflistung all dieser Untersuchungen zeigt zwar, daß in den meisten Fällen das, was als „Dominanz" definiert wurde, bei Jungen stärker ausgeprägt war als bei Mädchen. Es sind aber dabei offensichtlich sehr unterschiedliche Verhaltensweisen zusammengefaßt, die selbst innerhalb der gleichen Untersuchung nicht unbedingt miteinander korrelieren. Untersuchungen von Kindern im Vorschulalter zeigen wenige Unterschiede, und wenn vorhanden, fallen sie z. T. zugunsten der Mädchen aus.

Von der Praxis her beobachtet ist es leicht zu sehen, daß Jungen etwa ab Vorschule/Einschulung sehr stark der Vorstellung anhängen, daß sie qua Geschlecht mehr „zu bestimmen" hätten als Mädchen. Mit einem Unterschied in Richtung auf Dominanz der Jungen ist also durchaus etwas Reales angesprochen. Nur scheint dies ein Phänomen, das vor allem gruppenmäßig erlebt und durchgesetzt wird, nicht so sehr eine Eigenschaft einzelner Individuen. Die unklare Beweislage der Dominanzforschung dürfte aus der unzulässigen Übertragung der Affenforschung auf Menschen herrühren, die eine soziale Beziehung (Dominanz/Herrschaft) als individuelles Merkmal zu fassen versucht.

Nahezu alle Autoren sind sich einig, daß *Aggression* bei männlichen Individuen aller Altersstufen stärker ausgeprägt ist als bei weiblichen Individuen. Maccoby und Jacklin referieren fast hundert Studien zu diesem Bereich. Davon sind aber immerhin nur wenig mehr als die Hälfte, die mehr aggressives Verhalten bei Jungen/Männer aufzeigen; bei 40 % wird kein Unterschied gefunden (*Block* 1976, S. 305) – dies sind allerdings oft Teiluntersuchungen, die getrennt aufgezählt werden, während ein anderer Teil der selben Untersuchung einen Unterschied schon aufweist. Maccoby und Jacklin waren von der Geschlechtstypik des aggressiven Verhaltens so beeindruckt, daß sie die Vermutung äußerten, sie sei biologisch verursacht. Diese Auffassung ist z. T. recht unkritisch übernommen worden (z. B. *Schenk* 1979). *Tieger* legte 1980 eine ausführliche Gegenposition vor, die nicht nur auf die verschiedenen Argumente eingeht, sondern auch eine Neuberechnung der statistischen Wahrscheinlichkeiten für die vorliegenden Daten über aggressives Verhalten bei Jungen bis zu 6 Jahren vornimmt. Er kommt zu dem Schluß, daß die Argumente für eine biologische Verursachung nicht haltbar sind, und daß keine statistisch überzeugenden Belege dafür vorlägen, daß in der Altersgruppe bis zu 6 Jahren männliche Kinder signifikant aggressiver seien.

Ihre Replik zu Tieger haben *Maccoby/Jacklin* (1980) dazu genutzt, ihren Forschungsüberblick im Bereich aggressiven Verhaltens auf den neuesten Stand zu bringen und zudem noch genauere statistische Berechnungen vorzulegen. In diesem Beitrag haben sie – anders als 1974 – Untersuchungen weggelassen, die alle Formen von Schubsen, Boxen, etc. zusammengefaßt hatten, ohne zwischen spielerischem Raufen und böser Absicht zu unterscheiden. Soweit möglich haben sie also nur Untersuchungen ausgewertet, die Aggression im Sinne einer Absicht, weh zu tun, gefaßt hatten. In diesem wesentlich umfassenderen und genaueren Beitrag gelangen Maccoby und Jacklin noch einmal zu dem Schluß, daß ab ca. 2 1/2 Jahren aggressives Verhalten signifikant häufiger bei männlichen Kindern vorkommt. Hinsichtlich ihrer Auffassung, daß dies eine biologische Ursache habe, sind sie etwas vorsichtiger. So weisen sie darauf hin, daß die Tatsache (woran sie im Gegensatz zu Tieger festhalten), daß höhere männliche Aggressivität im Kulturvergleich auch bei Kindern immer wieder festzustellen ist, keinen Beweis für eine biologische Ursache darstellt. Denn im Kulturvergleich sind Frauen regelmäßig für die Kinderversorgung zuständig, und das könnte für jede Kultur Anlaß geben, Mädchen zur Fürsorglichkeit und zur Überwindung unmittelbarer Aggressivität zu erziehen. Auch der Vergleich mit den Affen sowie die Forschungsdaten über Hormoneinflüsse beweisen noch nicht eine biologisch verursachte männliche Aggressivität, sondern regen nur dazu an, über die Möglichkeit nachzudenken.

Letztendlich ist die Kontroverse über die Ursachen einer stärker ausgeprägten männlichen Aggressivität beiderseits, bei Maccoby/Jacklin ebenso wie bei Tieger, durch die außerordentlich bornierte Sicht der Theorie sozialen Lernens bestimmt. Sie geht davon aus, daß alles Verhalten durch Nachahmung von Vorbildern sowie durch Verstärkung (Belohnung oder Bestrafung) gelernt wird. Diese Ansicht ist zwar ergänzt worden durch eine Theorie kognitiver Sozialisation, jedoch in einer Fassung, die die Selbstbelohnung entsprechend der Erkenntnis unwandelbarer Geschlechtsidentität als Weg der Verstärkung voraussetzt, was nach Ansicht von Kohlberg erst im Alter von 4 bis 6 Jahren anfangen kann. Aggressives Verhalten könnte nach dieser Ansicht nur dann ein gelerntes Verhalten sein, wenn Kinder es bei Vorbildern beobachten würden (wobei eben nicht nachgewiesen ist, daß Kleinkinder nur oder vorwiegend gleichgeschlechtliche Modelle imitieren), und wenn sie unterschiedlich nach Geschlecht für Aggressivität belohnt würden (oder sich selbst schon loben könnten nach dem Motto „da habe ich mich aber wie ein richtiger Junge verhalten"). Da solche Vorgänge bei 3-jährigen Kindern ausgesprochen unwahrscheinlich sind, fallen diese Autoren hilflos auf die Biologie zurück. In der Tat kann man die Aggressionsausbrüche von 3- bis 4-jährigen Kindern schwerlich als gesteuertes, gelerntes Verhalten betrachten. Zu offensichtlich ist die innere Überflutung, der Zusammenbruch der Verhaltenskontrolle unter dem massiven Druck der Gefühle.

Die Hilflosigkeit des orthodoxen Ansatzes sozialen Lernens zeigt sich in Maccoby/Jacklins Unfähigkeit, einen Zusammenhang zu sehen zwischen ihren Daten, daß Jungen häufiger körperlich gezüchtigt werden, und ihren Daten, daß sie häufiger selbst körperlich aggressiv werden (*Sherman* 1975, S. 299). Sie nehmen alle theoretischen Ansätze nicht zur Kenntnis, die Unterschiede in der emotionalen *Bedeutung* von Gesellschaftsverhältnissen der Geschlechterungleichheit für Mädchen und Jungen analysieren (vgl. Teil III unten). Der Verweis auf die Biologie ist in diesem Fall nicht *aufgebaut* aus mehr oder weniger überzeugenden Indizien oder Beweisen, sondern dient als Lückenbüßer.

Damit ist dieser Überblick der einigermaßen belegten Unterschiede im Sozialverhalten und im emotionalen Verhalten abgeschlossen. Es sei nochmals ausdrücklich hervorgehoben, daß der Forschungsstand *keine* Unterstützung für die Ansichten hergibt, daß Mädchen geringeres Leistungsbestreben oder weniger Neugier hätten, daß ihr Selbstwertgefühl (zumindest bis zur Pubertät) allgemein geringer wäre, daß Mädchen abhängiger wären oder stärker an Personen interessiert, bzw. daß Mädchen insgesamt geselliger oder mehr an Beziehungen zu anderen orientiert wären als Jungen; auch Untersuchungen von Einfühlungsvermögen und von Hilfsbereitschaft ergeben im großen und ganzen keinen Unterschied nach Geschlecht. Als Unterschiede im Sozialcharakter zwischen Mädchen und Jungen bis zur Pubertät können wir nur feststellen, daß die durchschnittliche Häufigkeit aggressiven Verhaltens bei Jungen höher liegt, wobei nicht klar ist, ob dies auf das Konto eines kleinen Anteils von sehr aggressiven Jungen geht, oder ob die Mehrheit der Jungen aggressiver als die Mehrheit der Mädchen sind; daß Mädchen zwischen 2 und 5 Jahren den Erwachsenen eher gehorchen; und daß Mädchen ab 8 Jahren eher angeben, Ängste zu haben. Als Gruppe scheinen Jungen (etwa ab 6 Jahren) insgesamt Dominanz zu beanspruchen, es ist aber nicht eindeutig, ob und wie dies sich in Persönlichkeitsmerkmalen der einzelnen Kinder ausdrückt.

2.2 Unterschiede in kognitiven Fähigkeiten

Zur Einschätzung des Forschungsstandes in diesem Bereich liegen inzwischen mehrere fundierte, methodenkritische Werke vor, so z.B. das Sammelwerk von *Wittig/Petersen* (1979). Die integrierende Monographie von Julia *Sherman* (1978) umfaßt eine besonders sorgfältige und gründliche Prüfung der Daten über Leistungsunterschiede nach Geschlecht und ihre möglichen Grundlagen. Sherman reflektiert die gesellschaftliche Bedingtheit von Verhalten bis in die Experimentanordnung hinein und spürt die möglichen Auswirkungen von Vorurteilen aus der Alltagspsychologie auf, weist jedoch andererseits die Frage nach biologischen Ursachen nicht von der Hand. Ihre annotierte Bibliographie (und ihre Datenauswertung) liefert durchweg die statistische Berechnung für Ausmaß und Signifikanz von Geschlechtsunterschieden mit bzw. vermerkt ggf. das Fehlen der erforderlichen Daten. Wenngleich heute noch keine definitiven Aussagen über Unterschiede in kognitiven Funktionen möglich sind, so verfügen wir über einen nüchternen Überblick, was als bewiesen und was als Spekulation gelten kann. Unterschiede in den durchschnittlichen kognitiven Leistungen der Geschlechter bestehen hinsichtlich der allgemeinen Intelligenz nicht. Sie werden festgestellt im Bereich der sprachlichen Fähigkeiten, der mathematischen Fähigkeiten, und des visuell-räumlichen Vorstellungsvermögens. Darüber hinaus gibt es eine Reihe von Vermutungen, wie solche Unterschiede zustandekommen könnten, und dementsprechend Untersuchungen von mutmaßlich hiermit zusammenhängenden speziellen Fähigkeiten. So wird versucht zu ermitteln, ob es Unterschiede zwischen den Geschlechtern hinsichtlich Art und Ausmaß der Spezialisierung der Gehirnhälften gibt. Leider wird sowohl bei den Erhebungen wie auch bei der Interpretation oft sehr ungenau verfahren; Sherman beklagt, daß die methodische Sorgfalt, die bei Untersuchungen mit Ratten eine Selbstverständlichkeit sei, bei der Untersuchung von menschlichen Geschlechtsunterschieden zu vermissen ist (*Sherman* 1978, S. 35).

Die *sprachlichen Fähigkeiten* von weiblichen Individuen sind in allen Altersstufen denen männlicher Individuen mindestens gleich. Eine Anzahl von Untersuchungen stellt bessere Leistungen der Mädchen fest, jedoch ist der Unterschied derart gering, daß er belanglos ist: weniger als 1 % der Variation wird durch das Geschlecht erklärt (*Sherman* 1978, S. 43-44). Mehr Bedeutung wäre dem vielleicht zuzumessen, wenn bestätigt werden könnte, daß Mädchen einen zeitlichen Vorsprung beim Spracherwerb in den ersten Lebensjahren haben. Die Belege für diese These stammen aus älteren Untersuchungen, und die These selbst ist umstritten. Sie entspricht der Erwartungshaltung vieler Eltern, was als Bestätigung der Praxis oder auch als Vorurteil gewertet werden kann. *Wintermantel* (1979, S. 142) weist darauf hin, daß der Befund, Mädchen würden ihr erstes Wort früher als Jungen sprechen, außerordentlich angreifbar ist angesichts des Interpretationsspielraums, den Eltern bei der Datierung des ersten „richtigen" Wortes haben. Wenn Eltern von einem Mädchen eher Sprachleistungen erwarten, werden sie eher ein Wort „heraushören": überzeugend wären erst Untersuchungen, bei denen etwa Tonbandaufnahmen von Personen, die das Geschlecht des Kindes nicht kennen, ausgewertet würden.

Das zentrale Hemmnis bei Forschung zu diesem Bereich ist nach Wintermantel die Tatsache, daß ältere Untersuchungen mit unzulänglichen sprachtheoretischen Mitteln durchgeführt wurden, während die Entwicklungspsycholinguistik als noch junges Forschungsgebiet erst dabei ist, ein Modell dafür zu finden, wie Kinder die Sprache lernen. Strukturanalytische Untersuchungen, die nicht nach der Wortmenge sondern nach den grammatischen Regeln fragen, nach denen die kindlichen Äußerungen gebildet werden, finden eher keine Unterschiede (*Wintermantel* 1979, S. 144-45).

Das *visuell-räumliche Vorstellungsvermögen* bezeichnet ein theoretisches Konstrukt, das zur Erklärung und Verbindung einer ganzen Reihe einzelner Testergebnisse gebildet worden ist. Jeder Forschungsüberblick steht zunächst vor der Frage, welche Leistungen diesem Vermögen zuzurechnen sind und welche nicht. Ein anerkanntes Maß für diese Fähigkeit ist ein Test mit Blockzeichnungen (innerhalb des Wechsler Intelligenztests), welcher verlangt, daß man eine gezeichnete dreidimensionale Figur in seiner Vorstellung dreht um zu erkennen, welche der angegebenen Zeichnungen diese Figur von einer anderen Seite her zeigt. Die Testergebnisse von Erwachsenen bei diesem Test zeigen einen Unterschied zugunsten von Männern, jedoch ist das Ausmaß des Unterschiedes sehr gering: wie bei den sprachlichen Besserleistungen der Frauen erklärt das Geschlecht weniger als 1 % der Varianz. Für sich betrachtet wäre auch dieser Unterschied belanglos. Die Diskussion speist sich jedoch aus anderen Tests und Aufgaben, deren Zuordnung zum „visuell-räumlichen Vorstellungsvermögen" manchmal umstritten ist.

Am meisten Aufsehen haben die Untersuchungen von sogenannter „Feldabhängigkeit" erregt, die von *Witkin* u.a. (1962) als Prüfung der Fähigkeit, überhaupt analytisch zu denken und zu differenzieren, vorgestellt wurden: diese Fähigkeit sei bei männlichen Individuen stärker ausgeprägt. Nach einer 1967 veröffentlichten Kritik von Sherman wurde allgemein akzeptiert, daß das, was die berichteten Tests messen, eine spezifisch räumliche Fähigkeit ist. Nicht einmal in räumlicher Hinsicht wird die Abhängigkeit vom Feld gemessen, sondern bei den meisten Tests nur, inwieweit man einen Stab oder eine Platte trotz fehlender oder irreführender Wahrnehmung der Umgebung senkrecht oder waagerecht ausrichtet (*Sherman* 1978, S. 48). Der überzeugende und klare Konsens der Literatur, daß hinsichtlich dieser „Feldabhängigkeit" Geschlechtsunterschiede bestehen, wurde von Naditch überprüft; sie stellte fest, daß Witkin sich in sehr vielen Fällen auf unveröffentlichte Studien beruft, deren Methodologie damit schwer prüfbar ist. Bei einer Sichtung der neueren Ergebnissen stellte sie bei 37 verschiedenen Erhebungen fest, daß nur 11 von ihnen einen Vorsprung der männlichen Versuchspersonen berichteten, 23 hatten keinen Unterschied gefunden (nach *Burstein* et al. 1980, S. 295).

Das räumliche Vorstellungsvermögen ist in einer Vielzahl von anderen Aufgaben experimentell untersucht worden. Unterschiede zugunsten männlicher Versuchspersonen sind dabei zu häufig, um beiseitegeschoben zu werden. Das Problem ist aber, wie auch *Keller* (1979, S. 18) formuliert, „daß die Ergebnisse in erster Linie mit der gewählten Operationalisierung von 'räumlicher Vorstellungskraft' variieren". Beispielsweise werden Versuchspersonen aufgefordert, eine vorgegebene komplexe Figur entweder auf Papier nachzuzeichnen, oder aber in einer Sandkiste mit den Füßen auszutreten. Bei der zweiten Aufgabe, die den Nachvollzug der Figur mit dem gesamten Körper verlangt, waren beispielsweise neunjährige Jungen den gleichaltrigen Mädchen überlegen; jedoch bei der Zeichnung auf Papier traten keine Unterschiede nach Geschlecht auf (*Unger* 1979, S. 94-95). Lebenssituationen, in denen man eine Figur mit den Füßen statt mit dem Stift nachzeichnen können muß, dürften selten sein.

Das große Gewicht, das die Studien über räumliches Vorstellungsvermögen im Bereich der Geschlechtsunterschiede erhalten haben, ist vor allem auf die These zurückzuführen, daß es sich um Fähigkeiten handelt, die durch Übung nicht verbessert werden. Dies verlieh der Ansicht, daß das Geschlecht unmittelbar, nicht erst infolge von Übung oder Erziehung, die Unterschiede verursache, einige Plausibilität. Inzwischen liegt aber eine Reihe von Ergebnissen vor, die beweisen, daß Übung nicht nur der spezifischen Testaufgabe, sondern auch ganz allgemein, etwa durch Teilnahme am Unterricht im technischen Zeichnen, die Leistungen verbessern kann (*Sherman* 1978, S. 49). Damit wären aber differenziertere Forschungsentwürfe angebracht, die berücksichtigen, wodurch Menschen zu besseren räumlichen Leistungen gelangen: es müßte geprüft werden, ob Personen verschiedenen Geschlechts unterschiedlich von solchen Lerngelegenheiten profitieren, bzw. ob bei gleicher Gelegenheit zum Lernen ein Unterschied nach Geschlecht noch auftritt. Die von Sherman berichteten Daten, die auch die mathematischen Fähigkeiten betreffen, weisen dahin, daß kein Unterschied nach Geschlecht bestehen muß.

Auch die *mathematischen Fähigkeiten* bestehen aus mehreren Teilfähigkeiten, die aber eindeutiger definiert sind. Man unterscheidet (bei Kindern) Zählen, Rechnen und andere mathematische Fähigkeiten. In allen Bereichen sind bis zum Alter von 12 Jahren keine ausgeprägten Unterschiede nach Geschlechtern festgestellt worden. Sofern einzelne Untersuchungen Unterschiede ergaben, waren Mädchen im Rechnen besser; dies ist aber keineswegs durchgängig. Für eine Überlegenheit männlicher Individuen vor diesem Alter gibt es keine Belege. Bei Erwachsenen hingegen finden die meisten Untersuchungen im Durchschnitt bessere Leistungen bei Männern. Der Unterschied ist deutlicher ausgeprägt als bei den räumlichen und sprachlichen Fähigkeiten: so sind z.B. beim Wechsler Rechentest 3 % der Varianz auf das Geschlecht zurückzuführen, was allerdings immer noch ein kleiner Unterschied ist (*Sherman* 1978, S. 61).

Wenn nun Personen, die in der Oberschule vier Jahre Mathematikunterricht hatten, bessere Mathematikleistungen als solche Personen aufweisen, die nur zwei Jahre Unterricht hatten, wäre dies wohl niemals als hochinteressantes Forschungsergebnis begrüßt worden, wie Sherman bemerkt. Allenfalls wäre dies ein beruhigendes Ergebnis für die Schulen, die nun behaupten könnten, daß mathematische Fähigkeiten tatsächlich im Mathematikunterricht erworben werden. Obwohl nun bekannt ist, daß mehr Jungen als Mädchen in der Oberschule Mathematikkurse belegen, wurde dies bei den meisten Erhebungen, aus denen die Feststellung von Geschlechtsunterschieden gewonnen wurde, nicht miterfaßt. Die Mindestanforderung an solche Untersuchungen wäre, daß sie Personen mit gleicher Mathematikausbildung vergleicht. Wenn dies geschieht, werden überhaupt keine oder nur sehr kleine Unterschiede festgestellt (vgl. auch *Fox* et al. 1979, S. 303f.).

Fennema und Sherman haben eine Untersuchung mit ca. 3.000 Schüler/innen der 6. bis 12. Klasse in Wisconsin durchgeführt, bei der sie nicht nur die mathematischen Leistungen, sondern auch möglicherweise relevante andere Faktoren erhoben haben (*Sherman* 1978). Da sie von einem Zusammenhang zwischen räumlichen Fähigkeiten und Mathematik ausgehen (s. u.), haben sie sowohl die Mathematikkurse wie auch den naturwissenschaftlichen Unterricht und solche Kurse, die, wie das technische Zeichnen, das räumliche Vorstellungsvermögen schulen könnten, miterfaßt und bei der Datenanalyse berücksichtigt. Außerdem haben sie Einstellungen erfragt, die von Bedeutung sein können. Bis zur 9. Klasse wurden die gesamten Jahrgänge in 4 Schulen erfaßt, danach nur diejenigen Schülerinnen und Schüler, die noch Mathematikkurse belegten, wobei in der 10. Klasse der Anteil der Mädchen, die für Geometrie eingeschrieben waren, dem der Jungen gleich war (53 %).

Bei dieser Untersuchung traten bis einschließlich der 9. Klasse keine Unterschiede in den räumlichen Fähigkeiten auf. Unterschiede waren in der 10. und 11. Klasse vorhanden, wobei das Geschlecht jeweils 1 % und 3 % der Varianz erklärt, verschwanden jedoch wieder in der 12. Klasse. Eine gewisse Selektion ist nicht auszuschließen, da in der 12. Klasse 9 % mehr Jungen als Mädchen Mathematik belegten. Andererseits verschwanden auch die festgestellten Differenzen, wenn statistisch kontrolliert wurde, welche Kurse räumlichen Inhaltes belegt worden waren. Angesichts der verbreiteten Lehrmeinung, daß männliche Individuen deutlich überlegen in den räumlichen Fähigkeiten seien, prüft Sherman mögliche Besonderheiten ihrer Stichprobe. Sie vermerkt, daß das Schulsystem in Wisconsin ein Pflichtfach Werkunterricht/technisches Zeichnen für alle Schüler und Schülerinnen der 6. bis 8. Klasse vorschreibt; dies könnte, wie sie meint, die Gleichheit in den räumlichen Fähigkeiten erklären (*Sherman* 1978, S. 52-53).

In der Wisconsin-Studie erschienen Unterschiede in mathematischen Teilfähigkeiten etwas früher, zunächst bei spezifischen Wegen der Problemlösung (ab 6. Klasse); bei den mathematischen Leistungstests gab es von der 9. Klasse an einen besseren Durchschnitt für die Jungen als für die Mädchen. Wenn die belegten Mathematikkurse berücksichtigt wurden, wurden die Differenzen geringer. Das interessanteste Ergebnis ist jedoch, daß Unterschiede zwischen den Geschlechtern in nur 2 von 4 Schulen aus der Erhebung überhaupt festgestellt wurden. Es waren dies die beiden Schulen, deren Einzugsbezirk Familien aus der unteren Mittelschicht und der Unterschicht erfaßte. Wo die Schüler überwiegend einen hohen sozioökonomischen Status hatten, waren unterschiedliche Mathematikleistungen nach Geschlecht nicht feststellbar.

Die Befragung in der Wisconsin-Studie erfaßte eigene Einstellungen zur Mathematik und die wahrgenommenen Einstellungen anderer zum eigenen mathematischen Können. Hinsichtlich der intrinsischen Lust am Problemlösen gab es keinen deutlichen Unterschied, z. T. war das Interesse an der Sache selbst bei den Mädchen eher stärker. Auch die angeblich für Frauen typische Neigung zur „Erfolgsvermeidung" (Horner; siehe Beck-Gernsheim in Eckert 1979, S. 193f) war nicht geschlechtstypisch und nur schwach mit Leistungen korreliert. Als wichtige Faktoren stellten sich vielmehr heraus: das Zutrauen zu der eigenen Fähigkeit, eventuell schwierigere Mathematikaufgaben bewältigen zu können; die Einschätzung, daß mathematische Fähigkeiten im Erwachsenenleben einem nutzen werden; und die wahrgenommene Einstellung der Eltern (Vater/Mutter bestärkt mich darin, in Mathe gut zu sein) — wobei die Verstärkung durch den Vater einen deutlicheren Effekt bei beiden Geschlechtern hatte. Vergleicht man nun außerdem die Schulen miteinander, so springt ins Auge: je stärker die Geschlechtsunterschiede in den erfragten Einstellungen, desto größer die Unterschiede in Mathematikleistungen zwischen den Geschlechtern an der Schule (vgl. *Sherman* 1978, S. 61 und Tabelle, S. 147). Dies weist dahin, daß individuelle Einstellungen allein nicht ausschlaggebend sind. Beeindruckend in dem Kontext ist es, daß die Jungen in allen Altersstufen davon überzeugt sind, daß Männer in Mathematik besser sind, die Mädchen aber ebenso durchgängig diese Meinung nicht teilen. Dies schafft zweifellos eine Atmosphäre, die es für Mädchen auf die Dauer schwer machen kann, sich in diesem Bereich zu behaupten. Es mag verständlich machen, warum der weitaus deutlichste Unterschied zwischen den Geschlechtern darin besteht, daß Mädchen mit zunehmenden Alter seltener Mathematikkurse belegen, und daß selbst mathematisch hochbegabte Mädchen weniger Gebrauch machen von dieser Befähigung als Jungen (*Fox* et al. 1979, S. 304).

Eine Bemerkung zu dem Verhältnis zwischen dem visuell-räumlichen Vorstellungsvermögen und mathematischen Leistungsfähigkeiten scheint angebracht. Eine mäßige Korrelation zwischen beiden ist belegt (*Sherman* 1978, S. 46), jedoch ist die unmittelbare Brauchbarkeit räumlicher Vorstellungen für viele Bereiche der Mathematik und auch der Naturwissenschaften nicht erkennbar, und die Geometrie ist eher ein randständiges Gebiet der Mathematikausbildung. Vielleicht besteht die Bedeutung des räumlichen Vorstellens vor allem darin, daß es ein Ablösen des Denkens von der Sprache vermittelt. Das Zählen wird als ausgesprochen sprachgebundene Fähigkeit gelernt, und auch das Rechnen wird in enger Verbindung mit der sprachlichen Formulierung der Zahlen und des Vorgangs eingepaukt. Viele Menschen müssen ihr Leben lang die Worte, die die Zahlen bezeichnen, im Gedanken aussprechen, um im Kopf zu rechnen, lehnen sich auch am Sprachrythmus u. ä. an. Für höhere Mathematik ist ein von der Sprache abstrahiertes Denken der Zahl an sich erforderlich. Der abstrakte Zahlbegriff ist allerdings auch nicht räumlich vorgestellt; aber die Übung im räumlichen Denken ohne dazwischengeschaltete sprachliche Lösungsschritte könnte die Abstraktionsfähigkeit fördern, die für die höhere Mathematik erforderlich ist. Dies ist aber ein kaum erforschter Bereich, denn es hat den Anschein, daß die experimentellen Psychologen nur sehr unzulängliche Vorstellungen darüber haben, welche Fähigkeiten bei der höheren Mathematik vonnöten sind.

2.3 „Weiblichkeit" und „Männlichkeit" als meßbare Persönlichkeitsmerkmale

Eine jahrzehntelange Tradition der Testpsychologie bewertete Frauen und Männer als in dem Maße seelisch gesund, wie sie sich selbst und ihre Neigungen und Gefühle entsprechend den Vorschriften der jeweiligen Geschlechtsrolle beschrieben. Auf diese z. T. recht primitiven und gesellschaftspolitisch allzu durchsichtigen Tests muß hier nicht eingegangen werden, da die amerikanische Praxis, sie bei Einstellungsentscheidungen heranzuziehen, sich hierzulande zum Glück nicht ausgebreitet hat. Von Interesse sind neuere Ansätze, die — anknüpfend an die Kritik der älteren Tests — Weiblichkeit und Männlichkeit als sich ergänzende Teile der im wünschenswerten Fall androgynen Persönlichkeit aufzeigen möchten. Eine wahre Flut von Androgynitätsforschungen ist die Folge gewesen.

Die wesentlichen Aussagen, zu denen *Bem* (1975) und *Spence/Helmreich* (1978) auf verschiedenen Wegen etwa gleichzeitig gelangten, sind die folgenden:

1. „Weibliche" und „männliche" Eigenschaften sind nicht in dem Sinne polare Gegensätze, daß, wer „weiblicher" ist, deshalb weniger „männlich" wäre: wer weniger aggressiv ist, ist nicht deshalb einfühlsamer oder nachgiebiger.

2. Wenngleich es auch stimmen kann, daß jede der Testfragen entweder von Frauen oder von Männern häufiger bejaht wird, so können männliche und weibliche Individuen z. T. eher „typisch männliche", z. T. „typisch weibliche" Antworten geben, wenn man die Tests so konstruiert, daß dies möglich ist.

3. Diejenigen Individuen, die im traditionellen Sinne „gesund" weil der stereotypen Geschlechtsrolle gut angepaßt sind, sind in Wirklichkeit oft weniger realitätstüchtig, weniger ausgeglichen als Menschen, die Eigenschaften aus dem Repertoire beider Geschlechtsrollen verbinden (vgl. hierzu auch schon *Breen* 1975).

Die Messungen von „Weiblichkeit" und „Männlichkeit" beruhen auf Selbsteinschätzungen der Individuen, die ihre persönlichen Eigenschaften auf einer Skala selbst einstufen. Weder das tatsächliche Verhalten noch die Fähigkeit, sich entsprechend dem Selbstbild zu verhalten, wird damit festgestellt. Zwei Menschen, die sich identisch verhalten, können sich selbst dabei unterschiedlich wahrnehmen; und jemand, der sich selbst als nicht sehr entscheidungsfreudig, risikobereit oder einfühlsam einschätzt, mag durchaus die Fähigkeit dazu besitzen, unter geeigneten Umständen es doch zu sein. Überall dort, wo geschlechtsspezifische Normen für angemessenes Verhalten existieren, muß damit gerechnet werden, daß Frauen und Männer die erwartete Rolle spielen, auch wenn ihnen anders zumute ist. Die Selbsteinschätzungsverfahren nehmen diese innere Erfahrung ernst und eröffnen die Möglichkeit, zu erkennen, daß weibliche und männliche Individuen sich selbst oft nicht so einseitig sehen, wie es die Normen erwarten.

Tatsächlich stellte etwa *Guttentag* (1976) fest, daß Mädchen und Jungen in der Vorschule, in der 5. und in der 9. Klasse die erwarteten stereotypen Vorstellungen darüber äußern, wie jeweils Mädchen und Jungen, Frauen und Männer „sind". Ihr eigenes Selbstbild entsprach diesen Stereotypen aber kaum. *Spence/Helmreich* (1978) fanden auch nur eine mäßige Übereinstimmung zwischen den Aussagen der Versuchspersonen über sozial wünschenswerte Eigenschaften für das jeweilige Geschlecht und deren Selbstbeschreibungen. Dies spricht für die relative Ehrlichkeit der Antworten: Die Befragten haben sich selbst nicht hochgelobt. Dennoch ist davon auszugehen, daß über die Jahre die Normen das Selbstbild beeinflußt haben. Die Meßinstrumente von Bem und Spence/Helmreich verstehen sich explizit als Maß für die Anpassung an stereotype Geschlechtsrollen. Ihr Anspruch ist es, Weiblichkeit und Männlichkeit unabhängig von dem biologischen bzw. zugeschriebenen Geschlecht der Befragten zu messen: als Eigenschaften, die jeder in verschiedenem Maße haben kann, und von denen jeder zugleich weiß, daß sie für Frauen/Männer normativ erwünscht sind.

Da sich herausstellen könnte, daß die geschlechtstypischen Selbstbilder empirisch die am zuverlässigsten nachweisbaren Unterschiede zwischen den Geschlechtern sind, soll hier auf die umfangreiche Untersuchung von *Spence/Helmreich* (1978) etwas näher eingegangen werden. Sie haben nicht nur die üblichen Befragungen von College-Studenten, sondern auch eine Erhebung mit ca. 1.700 Schülern und Schülerinnen im Alter von 16−17 Jahren mit breitgestreuter Schichtzugehörigkeit durchgeführt.

Der Weg der Testkonstruktion ist wichtig. In Vorstudien wurde ermittelt, daß sowohl weibliche wie auch männliche Befragte der Meinung waren, daß Frauen und Männer sich hinsichtlich bestimmter Eigenschaften unterscheiden. Unterschiedliche Durchschnittswerte für Frauen und Männer ergaben sich sowohl dann, wenn nach dem Bild der „typischen Frau" (bzw. Mann) gefragt wurde, wie auch dann, wenn Frauen und Männer sich selbst einschätzten. Anders als Spence/Helmreich (wie auch Bem) theoretisch erwartet hatten, ergaben sich dabei zwei verschiedene Arten von Geschlechtstypik. Wurden die Befragten gebeten, die „ideale Frau" und den „idealen Mann" zu beschreiben, so wurde die eine Gruppe von Eigenschaften beiden zugeschrieben, aber je nach Geschlecht in unterschiedlich starker Ausprägung. So sollten z. B. sowohl der ideale Mann wie auch die ideale Frau hilfsbereiter sein als der Durchschnitt, jedoch wird Hilfsbereitschaft besonders stark ausgeprägt bei der idealen Frau erwartet. Selbstständigkeit, Einfühlungsvermögen, Durchhaltevermögen, Wärme sind demnach alle Merkmale, die weder der Frau noch dem Mann schlecht anstehen, doch werden sie vom einen Geschlecht stärker erwartet. Es gab jedoch andere Merkmale, die, ganz wie die traditionellen Fragebögen es wollten, zweipolig waren: der Idealmann sollte mehr davon besitzen als seine Geschlechtsgenossen, die Idealfrau aber weniger als die ihrigen, oder umgekehrt. Diese Eigenschaften sind für das eine Geschlecht Tugend, beim anderen Laster. Dazu gehören beispielsweise Aggressivität, Dominanz, Verletzlichkeit, Bedürfnis nach Geborgenheit und nach der Anerkennung Anderer. Es wurden also drei Skalen gebildet: je eine für Männlichkeit (M) und Weiblichkeit (F), sowie eine zweipolige „M−F", deren Werte unterschiedliche Bedeutung haben je nach Geschlecht des/r Befragten. Außerdem wurden die befragten Schüler/innen in weiteren Fragebögen nach ihrem Selbstwertgefühl, ihren gesellschaftspolitischen Einstellungen zu Frauen, und nach dem Erziehungsstil von Mutter und Vater befragt.

Folgende Ergebnisse scheinen mir interessant:

1. „Männlichkeit" und „Weiblichkeit" schließen sich nicht nur nicht aus, sondern eine starke Ausprägung des einen stand oft in Beziehung zu einer stärkeren Ausprägung des anderen. Überdurchschnittliche Werte für Eigenschaften in beiden Bereichen, M wie F, gaben ein Drittel der Schüler/innen an; sie werden von Spence/Helmreich als „androgyn" bezeichnet. Ein weiteres Fünftel schätzt sich mit unterdurchschnittlichen Werten in beiden Bereichen ein (als „undifferenziert" bezeichnet). Der Rest, knapp die Hälfte, war, sofern männlichen Geschlechts, auch durch einseitige „Männlichkeit" geprägt; dies war in der Arbeiterschicht besonders auffällig. Bei den Mädchen war hingegen die „männliche" Ausprägung auch nicht selten, sogar 18 % der Mädchen in der oberen Mittelschicht beschrieben sich so.

2. Höhere Werte bei der M-Skala korrelierten ebenso wie höhere Werte bei der F-Skala unabhängig vom Geschlecht mit günstigem Selbstwertgefühl. Auch mehr „Weiblichkeit" trug zum Selbstwertgefühl des männlichen Jugendlichen, mehr „Männlichkeit" zum Selbstwert der weiblichen Jugendlichen positiv bei. Die Korrelation von Selbstwertgefühl und Männlichkeit war jedoch wesentlich stärker.

Hohe Werte bei der M-F-Skala, die in Richtung auf die bei Männern sozial erwünschten, bei Frauen unerwünschten Eigenschaften skaliert wurde, korrelierten auch für *beide* Geschlechter mit höherem Selbstwertgefühl. Das heißt: auch Mädchen, die mit ihrer Selbstbeschreibung am „männlichen" Ende dieser Skala lagen (aggressiv, dominant, regt sich in Krisen nicht auf, gar nicht häuslich, nicht leicht verletzt . . .), hatten ein besseres Gefühl zu sich als die Mädchen, die den Rollenerwartungen besser entsprachen. Umgekehrt gesehen: der Besitz derjenigen Eigenschaften, die für Frauen positiv, für Männer aber negativ bewertet werden (weint leicht, häuslich, verletzlich . . .) standen in Zusammenhang mit niedrigerem Selbstwertgefühl bei beiden Geschlechtern.

3. Die durchschnittlichen Werte für das Selbstwertgefühl waren für die 16– 17jährigen Mädchen wie für die Frauen einer weiteren Untersuchungsgruppe deutlich höher als die der männlichen Vergleichsgruppen. Das höchste Selbstwertgefühl hatten die „androgynen" Frauen, die bei der zweipoligen M-F-Skala deutlich auf der männlichen Seite lagen: aber auch die „männlichen" Frauen waren im Selbstwertgefühl den „männlichen" Männern überlegen.

Diese Forschung deutet darauf hin, daß Mädchen und Frauen sich weniger stark geschlechtstypisch geprägt sehen als Jungen und Männer. Ihr Selbstwertgefühl ist insgesamt etwas stärker – dazu tragen aber nur solche „weibliche" Eigenschaften bei, die auch bei Männern geschätzt werden. Männlichkeit – sowohl in der Form der allgemein für wünschenswert gehaltenen Eigenschaften, wie auch in den Aspekten, die bei Frauen mißbilligt werden – stärkt das Selbstwertgefühl von Frauen ebenso wie von Männern. Man möchte fast schließen, daß das normative Ideal für Frauen zwar hochgehalten aber von niemandem ernstgenommen wird.

In dieselbe Richtung weist eine wachsende Zahl von Untersuchungen, die Leistungen nicht nur nach Geschlecht, sonder nach dem Geschlechtsrollentyp analysieren. Beispielsweise stellten *Jamison/Signorella* (1980) bei einem von Piaget übernommenen Test fest, daß die Geschlechtsrollentypisierung die Leistung besser voraussagt als das Geschlecht per se. „Männliche" Männer und Frauen hatten fast identische und viel bessere Leistungen als „weibliche" Frauen und Männer, die sich auch ähnelten. Lediglich für die Gruppe der „Androgynen" im Sinne von Bem (dies schließt sowohl gleichermaßen starke Ausprägungen von männlich und weiblich, wie auch gleichermaßen schwache Ausprägung beider Bereiche ein) war festzustellen, daß Männer – wie in der Forschung über diesen Test bislang berichtet worden war – bessere Leistungen als Frauen erbringen.

Auch *Nash* (1979) betont, daß Unterschiede in kognitiven Leistungen nach Geschlecht dann erscheinen, wenn der soziale Druck zur Anpassung an die Geschlechtsrolle in der Pubertät ansteigt. Mädchen, die die männliche Geschlechtsrolle vorziehen (bzw. ein „männliches" Idealbild von sich haben) hatten gleich gute visuell-räumliche Leistungen wie Jungen; aber unter den 14-jährigen Mädchen gab es schon wesentlich weniger solcher Mädchen als unter den 11-jährigen, sodaß ein Unterschied „nach Geschlecht" unter den 14-jährigen auftrat.

Wenn es also zutrifft, daß „androgyne" Menschen gesünder und realitätstüchtiger sind, so ist man versucht zu sagen: Ein hohes Maß an Männlichkeit ist dafür unverzichtbar, eine Portion Weiblichkeit dazu kann nicht schaden – so lange die Männlichkeit nicht darunter leidet. Zusätzlich wäre anzumerken, daß nach den Daten von Spence und Helmreich die Wahlmöglichkeit einer stärkeren männlichen Ausprägung vor allem den Mädchen der oberen sozialen Schichten vorbehalten ist, zumindest bis sie 16 oder 17 geworden sind.

3 Zur Relevanz der Biologie bei der Erklärung von geschlechtstypischem Verhalten

Die Hartnäckigkeit, mit der eine biologische Verursachung von Geschlechtsunterschieden im Verhalten zur Diskussion gestellt wird, macht eine Erörterung der möglichen Bedeutung biologischer Sachverhalte erforderlich.

Thesen über die biologische Verursachung von Verhalten sind häufig eine verwirrende Mischung aus legitimer wissenschaftlicher Hypothesenbildung und altbackenem Vorurteil. Darstellung und Kritik sind entsprechend schwierig. Es müssen mindestens folgende Stränge entwirrt werden:

1. *Welche Unterschiede stehen überhaupt zur Erklärung an?* Wir haben gesehen, daß unterschiedliche Ergebnisse in der Aussage zustandekommen, je
nachdem, welche Operationalisierung für eine bestimmte Fähigkeit oder ein bestimmtes Verhalten gewählt wird. Von der Ursachenfrage her muß die Frage
umgekehrt aufgerollt werden: wenn in der Tat eine bestimmte experimen-
telle Anordnung zu Unterschieden im Verhalten der Geschlechter führt, wie
soll das Phänomen bestimmt werden, dessen Ursache wir suchen? Wenn etwa
6 bis 9-jährige amerikanische Kinder zu zweit ein Bild malen und der Junge
regelmäßig die Hauptumrisse des Bildes bestimmt, sollen wir das als Anzeichen
für Dominanz oder für künstlerische Neigung deuten? Die kulturelle Bedingtheit der meisten im Experiment abverlangten Tätigkeiten ist zu offensichtlich,
um sie unmittelbar zum Gegenstand von Vermutungen über biologische Ursachen zu machen. So wird, ehe überhaupt die Diskussion um Biologie einsetzt,
gewaltig und meist unzulässig von den Daten abstrahiert.

2. *Wie groß und wie gut belegt sind die Unterschiede?* Sollte die unterschiedliche Physiologie von Frauen und Männern irgend eine Erklärung für ihr
unterschiedliches Verhalten liefern, so müßten die Verhaltensunterschiede
wohl regelmäßig, zuverlässig und deutlich auftreten. Ist dies nicht der Fall,
so können wir zwar immer noch auf die gegenläufigen Wirkungen der Kultur
verweisen. Wird aber einmal zugestanden, daß die Kultur im gegebenen Bereich
die Biologie überspielen kann, so befinden wir uns im Bereich der völligen
Spekulation; denn ebensogut könnten wir empirisch noch nie beobachtete Unterschiede als biologisch angelegt aber kulturell überspielt behaupten. Kulturell
vorherrschende Muster können dann genausogut als Reaktionsbildung gegen
biologisch entgegengesetzte Grundtendenzen interpretiert werden, was ein
reizvolles Gebiet für die Fantasie eröffnet. Will die biologische Erklärung sich
auf vorhandene empirische Regelmäßigkeiten beziehen, so müßten die gefundenen Unterschiede ausreichend groß sein, um mit der Wirkungsweise biologischer Mechanismen vereinbar zu sein. Die Unterschiede aber, die für größere
Bereiche (die also nicht auf spezielle Versuchsanordnungen beschränkt bleiben)
verallgemeinert werden können, sind durchweg sehr klein.

Viele Teilnehmer an der Debatte über Ursachen von Geschlechtsunterschieden scheinen nicht zu begreifen, daß „statistisch signifikante" Unterschiede keineswegs eine klare Aussage über Realität beinhalten. So gilt z.B.:
je größer die Stichprobe, desto geringer muß der Unterschied der Mittelwerte
sein, um statistisch signifikant zu sein. Wenn aber die Differenz den Wert von
einer halben Aufgabe hat, wie bei Flanagans Ergebnissen, der 440.000 Schü-
ler/innen in ihren mathematischen Fähigkeiten verglich, ist das Resultat praktisch ohne Bedeutung. Darüber hinaus ist aber gezeigt worden, daß *jede* Zweiteilung einer großen Stichprobe meistens statistisch signifikante Unterschiede
in beliebigen Messungen oder Daten „aufdecken" wird. ganz gleich nach welchem Prinzip die Stichprobe geteilt wird — ob nach Geschlecht, Nord/Süd,
Stadt/Land. Diese „statistisch nachweisbaren" Unterschiede haben oft wenig
oder keine Bedeutung (*Sherman* 1978, S. 17). Viel Verwirrung wird durch die

Gepflogenheit gestiftet, statistisch signifikante Unterschiede im Mittelwert in einer (oder einigen) Untersuchungen etwa in der Form darzustellen, daß gesagt wird: „Jungen sind aggressiver", „Mädchen sind bei sprachlichen Leistungen unter allen möglichen Aspekten überlegen" (so z. B. *Merz* 1979). Die entsprechenden Daten zeigen lediglich, daß nur eine kleine Minderheit des jeweiligen Geschlechts eine für das andere Geschlecht ungewöhnliche Ausprägung aufweist; die große Mehrheit der Jungen wie Mädchen unterscheiden sich individuell, jedoch nicht als Gruppe.

3. Schließlich müßte geklärt werden: *Welche Anhaltspunkte haben wir dafür, daß gerade im angesprochenen Verhaltensbereich die menschliche Plastizität geringer sein sollte als in anderen Bereichen?* Im allgemeinen gilt in der Anthropologie als gesichert, daß das Verhalten der Menschen nicht durch vorgegebene biologische Koppelungen gesteuert ist. Ein qualitativer Unterschied im menschlichen Verhalten zu dem der Affen besteht darin, daß Intelligenz, Fantasie, Kultur, gesellschaftliche und historische Verhältnisse zwischen Reiz und Reaktion vermitteln (vgl. etwa, um einige Namen zu nennen, *Marx, Alsberg, Plessner, Gehlen, Claessens*). Wenn wir wissen, daß die *Sprache* ein grundlegend anderes Verhältnis der Menschen zur Vergangenheit, zur Zukunft und zur Welt begründet als dies bei den Tieren möglich ist, so mutet es recht seltsam an, daß besonders gute sprachliche Leistungen auf Mechanismen zurückgeführt werden sollen, die die Menschen mit den Affen oder gar den Ratten gemeinsam hätten. Ehe mit biologischen Theorien angesetzt wird, müßte begründet werden, warum der betreffende Verhaltensbereich als weniger plastisch, kulturell bestimmbar gelten soll als andere. Eine solche Argumentation ist vorstellbar, wird aber zumeist nicht einmal versucht.

Der bloße Hinweis auf die Beteiligung der Hormone an emotionalen Zuständen wird nicht ausreichen, um ein Stück rohe Natur mitten in der Gesellschaft zu enthüllen. Wir werden die Hormone vielmehr begreifen müssen als eine spezifisch menschliche Möglichkeit, nicht nur die Gedanken und die Bewegungen, sondern auch die Antriebskräfte und die Gefühle durch symbolische (z.B. sprachliche, bildliche) Vorgänge zu steuern. Eben weil die Hormonproduktion vom Gehirn gesteuert wird, die Hormone aber andererseits gesamtkörperliche Zustände mitbewirken, die wir als Emotionen erleben, sind sie ein Mittel der Integration von Körper, Begierde und symbolischem Denken: Ihretwegen können wir in Leib und Seele wütend werden, wenn wir sprachlich und für unsere Kultur spezifisch „beleidigt" werden; durch sie ist Sehnsucht nach abwesenden Geliebten möglich. Kurz, die Hormone haben viel mit der Körperlichkeit unseres Seelenlebens zu tun. Sie übernehmen damit Funktionen, die es im Tierreich überhaupt nicht gibt. Den Inhalt unserer Gefühle aus der Funktion der Hormone bei Rhesusäffchen oder Ratten ableiten zu wollen, entspricht in etwa dem Versuch, den Inhalt menschlicher Arbeit aus dem Werkzeuggebrauch von Schimpansen abzuleiten. Mit der Menschwerdung ist eine spezifische Form des Bewußtseins entstanden, für die es keine Vergleiche gibt, und die Funktionen aller Steuerungssysteme haben sich dadurch verändert.

Die Frage nach der Bedeutung der Biologie für Geschlechterunterschiede fängt mit der Frage nach einer biologischen Bestimmung der Geschlechter an. Das ist nicht so einfach, wie es unsere Kultur voraussetzt. Die meisten, aber keineswegs alle Menschen lassen sich in zwei Kategorien einteilen, die sich sowohl hinsichtlich der Chromosomen, wie auch der inneren und äußeren Geschlechtsorgane und der Hormonproduktion als weiblich bzw. männlich bestimmen lassen. Die Mehrheit dieser eindeutig zuzuordnenden Menschen weisen im Durchschnitt einige Unterschiede im Körperbau und im Stoffwechsel auf.

Am eindeutigsten wäre es, wenn nur diese Personen, bei denen alle genannten Merkmale definitionsgemäß entweder übereinstimmend weiblich oder übereinstimmend männlich sind, als „Frauen" oder „Männer" gekennzeichnet und in die Untersuchungen einbezogen wären. Unsere Kultur gebietet aber die Zuschreibung eines Geschlechts zu jeder Person; und die psychologische Forschung pflegt nicht die Chromosomen, den Hormonspiegel, die inneren und die äußeren Geschlechtsorgane zu inspizieren, ehe Versuchspersonen als „weiblich" bzw. „männlich" eingetragen werden. Bei aller Begeisterung für die Idee der Androgynität wäre die Verweigerung einer Geschlechtsidentität – „du bis weder noch, ein Zwitter" – eines der schlimmsten sozialen Schicksale, die jemand heute erfahren könnte. Es gibt in unserer Kultur keinen Zwischenraum zwischen den Geschlechtern.

Der beherzte Versuch der Biologen *Wellner* und *Broda* (1979), eine konsequente biologische Definition aus der geschlechtlichen Fortpflanzung abzuleiten, führt noch weiter in diese Sackgasse. Ganz richtig stellen sie fest, was alles zur Fortpflanzung dazugehört:

„geeignete Sexualorgane, geeignete sekundäre und tertiäre Geschlechtsmerkmale, geeignetes Verhalten, um die Erwachsenenrolle zu lernen, die Fähigkeit, einen Partner anzuziehen, die Fähigkeit, den Geschlechtsakt adäquat und hinreichend oft durchzuführen, die körperliche Fähigkeit zur Befruchtung, die Fähigkeit, lebende Kinder zu gebären und deren Leben zu erhalten" (*Wellner/Brodda* 1979, 95).

Wenn das alles vorhanden sein muß, um männlich oder weiblich zu sein, bliebe wahrscheinlich ein Viertel oder ein Fünftel der Bevölkerung, ohne Geschlechtszuordnung. Die Definition ist nicht nur „sicher nicht pragmatisch" wie die Verfasser feststellen; sie beschreibt nicht die gleiche Population wie die der psychologischen Beobachtungen und Experimente, denen wir das empirische Material über Geschlechtsunterschiede verdanken. Würden wir die biologische Geschlechterdifferenzierung an der Fortpflanzungsfähigkeit *und* -willigkeit festmachen, hätten ohnehin alle Aussagen der Biologie keine Relevanz für die Erklärung der empirisch zu beobachtenden Verhaltensweisen.

Eine solche Koppelung ist auch kurzsichtig. Sie geht von unzutreffenden Analogien zum Tierreich aus. Die Bedingung für das Überleben der Art ist bei den Menschen ganz gewiß nicht mehr die Fähigkeit und Willigkeit jedes einzelnen Exemplars, sich körperlich fortzupflanzen. Sehen wir nur, welchen Beitrag zur Umweltzerstörung, zu sozialen Konflikten, und zu anderen sozialen Problemen die ungebremste Bevölkerungsexplosion in der Welt leisten kann, so müssen wir die blinde Fortpflanzung geradezu als eine Gefährdung des Überlebens der Art (und vieler anderer Spezies!) ansehen. Menschliche Überlebensbedingungen sind schon von Anfang an prinzipiell andere gewesen als die der Tiere: gesellschaftliche Kooperation, intelligenter Werkzeuggebrauch und symbolische Vermittlung spielen eine enorme und grundsätzlich andere Rolle. Infolgedessen haben wir beispielsweise weit günstigere medizinische, hygienische und ernährungsmäßige Bedingungen für das Überleben jedes einzelnen Menschen geschaffen, als die Natur sie kennt. Die Relation zwischen Energieverbrauch/Umweltausbeutung und Personenzahl weist zwar beträchtliche Unterschiede in verschiedenen Weltteilen auf, sie ist jedoch überall so, daß das ökologische Gleichgewicht der Erde durch die schiere Zahl der Menschen und ihren Raubbau an der Natur akut gefährdet ist. Entweder die Definition der Geschlechtlichkeit durch die Fortpflanzung, oder die Einteilung der Menschen in zwei Geschlechter ist weltgeschichtlich überholt und — wenn das leitende Prinzip der Biologie das Überleben der Art sein soll — biologisch unbrauchbar geworden. Politisch sind zudem die Implikationen solcher Definitionsversuche (Zwangsheterosexualität) bedenklich.

Es bleibt also nur die Möglichkeit des induktiven Vorgehens: inwiefern sind die Menschen, die sozial als Angehörige verschiedenen Geschlechts eingeordnet werden, körperlich so von einander verschieden, daß dies für ihr Verhalten von Bedeutung ist? Wenn wir die Beschaffenheit der Mehrzahl der Menschen als „normal" ansehen und die Unterscheidungsmerkmale der Geschlechter bei dieser Mehrzahl suchen, so gibt es etwa fünf Möglichkeiten der somatischen (d. h. körperlichen) Geschlechterbestimmung.

1. Das *Chromosomengeschlecht*, das nach der Geninformation im Erbgut zu bestimmen ist. Bekanntlich besitzen die meisten Menschen entweder XX-(weiblich) oder XY-(männlich) Chromosomen. Eine unbekannte, jedoch nicht zu vernachlässigende Zahl hat aber entweder kein geschlechtsbestimmendes Chromosom (XO), oder zusätzliche Chromosomen (XXX, XXY, XYY, etc.); es gibt auch Mosaiken. Typische körperliche Anomalien kommen öfters in Verbindung mit bestimmten Chromosomabweichungen vor, jedoch gibt es auch morphologisch und verhaltensmäßig auffällige Menschen, die abweichende, insb. zusätzliche Chromosomen haben, auch ohne es zu wissen.

2. Das *Keimdrüsengeschlecht*. Im allgemeinen verursacht die Geninformation der Geschlechtschromosomen innerhalb der ersten 3 Monate nach der Befruchtung eine Differenzierung der Keimdrüsen zu Eierstöcken oder Hoden, welche dann die Hormonsteuerung der Geschlechtsdifferenzierung übernehmen. Diese Differenzierung kann unterbleiben, vor allem wenn das zweite Geschlechtschromosom fehlt (XO), oder sie kann gestört sein, so daß die Keimdrüsen sowohl Eierstock- wie auch Hodengewebe entwickeln.

3. Das *morphologische Geschlecht*, wobei zu unterscheiden ist zwischen a) den inneren Geschlechtsorganen, b) den äußeren Geschlechtsmerkmalen,

c) geschlechtstypischem Körperbau. Das morphologische Geschlecht scheint maßgeblich durch die Hormone und nur indirekt (vermittelt über das Keimdrüsengeschlecht) durch Geninformation bestimmt zu sein. Hormonunempfindlichkeit der Körperzellen, eine relativ zur Empfindlichkeit zu hohe oder zu niedrige Hormonproduktion der Eierstöcke bzw. Hoden, oder die Zufuhr künstlicher Hormone vor oder nach der Geburt können alle dazu führen, daß das morphologische Geschlecht entweder in sich unstimmig ist oder aber insgesamt nicht mit dem Chromosomengeschlecht übereinstimmt. Anders als das Keimdrüsengeschlecht kann das morphologische Geschlecht vollständig ausgebildet und „normal", jedoch im Widerspruch zum Chromosomengeschlecht sein.

4. Das *Hormongeschlecht* wird anhand der typischerweise unterschiedlichen Konzentration der Geschlechtshormone definiert. Dieser Unterschied wird normalerweise in der Phase ausgeprägt, die der Pubertät unmittelbar vorausgeht und sie einleitet. Bei normaler Hormonempfindlichkeit wird das Hormongeschlecht die Entwicklung des morphologischen Geschlechts auch in der Pubertät bestimmen. Da seit gut 50 Jahren künstliche Hormone im Tierfutter zur Verbesserung der Fleischproduktion verwendet werden, enthält unsere Ernährung eine unbekannte Menge von zusätzlichen Hormonen.

5. Schließlich gibt es einige geschlechtstypische *Besonderheiten im Gehirn*, in erster Linie im hypothalamischen-hypophysären System, das die Ausschüttung gonadotroper Hormone steuert. Diese ist bei Frauen zyklisch im Zusammenhang mit der Menstruation, jedoch schwankt auch bei Männern die Hormonausschüttung, möglicherweise auch zyklisch. Die viertelstündlichen Schwankungen bei beiden Geschlechtern sind fast ebenso groß wie die beim Monatszyklus der Frau (*Hoffmann* 1982).[2]

Zum biologischen Geschlecht ist also folgendes anzumerken:
Eine streng biologische und zugleich eindeutige Geschlechtsdefinition existiert nicht. *Wellner/Brodda* fassen zusammen:

„Das äußere morphologische Geschlecht ist, wie wir wissen, nur eine Geschlechtsbestimmung unter mehreren möglichen. Es hängt zwar im Normalfall eng mit den anderen zusammen; es gibt jedoch — zumindst aus biologischer Sicht — keinen Grund, warum in psychologischen Untersuchungen ausgerechnet das morphologische Geschlecht als unabhängige Geschlechtsvariable gewählt werden sollte" (*Wellner/Brodda* 1979, 126).

Die Tragweite dieser Überlegung ergibt sich daraus, daß biologisch orientierte Erklärungsansätze manchmal mit der Möglichkeit von Geninformationen, manchmal mit der Wirkung von Hormonen auf die Gehirnentwicklung, manchmal mit der unmittelbaren Hormoneinwirkung und manchmal mit der geschlechtstypischen Morphologie argumentieren. Forschungspraktisch wird jedoch allenfalls bei Säuglingen das morphologische Geschlecht ermittelt. In allen anderen Fällen ist das soziale Zuweisungsgeschlecht die unabhängige Variable der Forschung, es sei denn, besondere Gruppen werden in der Klinik ausgesucht.

Kessler/McKenna (1978) haben die soziale Kontruktion von Geschlechtszugehörigkeit im Alltag genauer untersucht. Anhand einer Erhebung und Analyse der Interaktionen von Transsexuellen sowie einer Reihe von Experimenten mit Zeichnungen und deren Zuordnung durch Erwachsene und Kinder gelangen sie zu dem Schluß, daß die Zuschreibung eines Penis ausschlaggebend für die Geschlechtszuordnung ist: alles, was auf dessen Fehlen hinweist, führt zu der sozialen Einordnung als weiblich, während weibliche Geschlechtsmerkmale eine untergeordnete Bedeutung haben. Dem entspricht, daß Personen, die keine Geschlechtsmerkmale entwickeln, weil ihnen das erforderliche Chromosom fehlt (XO), sozial als „weiblich" eingeordnet werden. In der Literatur werden sie häufig auch als weibliche Individuen gekennzeichnet und ihre Testleistungen so bewertet, als hätten wir es mit besonders weiblichen Personen zu tun. Obwohl die Geschlechtszugehörigkeit in diesem Fall *rein* sozialer Art ist, wird besonders gern auf diese Personen zurückgegriffen, um biologische Argumentationen über Geschlechterunterschiede zu untermauern. Dies ist nur ein besonders eklatantes Beispiel für die Verwirrung zwischen biologischem und sozialem Geschlecht, die oft anzutreffen ist.

Theorien, die eine biologische Grundlage für unterschiedliches Verhalten von Frauen und Männern annehmen, berufen sich meist auf eine oder mehrere der folgenden Quellen:

1. Vererbung und Hormone und deren vermutete Wirkung;
2. Unterschiede in der Reifung und in den Gehirnfunktionen;
3. Vergleiche zu anderen Tieren, besonders Affen;
4. interkulturelle Vergleiche.

Ihre mögliche Relevanz für geschlechtstypisches Verhalten soll im folgenden kurz betrachtet werden.

Vermutungen über die *Vererbung* von Fähigkeiten treten immer dann auf, wenn die Verteilung einer besonderen Befähigung einen auffälligen Unterschied nach Geschlecht zu haben scheint. Rezessive Gene am X-Chromosom kommen bei Frauen erheblich seltener zur Geltung als bei Männern: Vorausgesagt wird eine Verteilung, bei der 50 % der Männer, jedoch nur 25 % der Frauen das Merkmal haben. Die Theorie ist z. B. für das visuell-räumliche Vorstellungsvermögen ins Spiel gebracht worden, als eine einzelne Untersuchung eine entsprechende Verteilung von überdurchschnittlichen Leistungen fand. Da jedoch sehr viele Untersuchungen keine oder nur sehr geringe Unterschiede festgestellt haben, darf diese These als widerlegt gelten. Schwieriger ist der Umgang mit Thesen, die die Vererbung eines „kleinen Vorsprungs" am Y-Chromosom vermuten, welcher nur im Zusammenhang mit weiteren Faktoren zur Wirkung gelangen würde; sie sind weder widerlegbar noch beweisbar.

Vermutungen über Erblichkeit werden auch durch die Überprüfung von Korrelationen der Leistungen innerhalb von Familien getestet. Die häufig als beweiskräftig (z. B. von *Maccoby/Jacklin* 1974 und ihnen folgend *Schenk* 1979) zitierte Untersuchung von Stafford sollte die Erblichkeit von mathematischen Fähigkeiten prüfen. Stafford selbst interpretierte seine Befunde als mit der Annahme einer Vererbung am X-Chromosom vereinbar: Immer unter der Voraussetzung, daß es sich um eine vererbte Fähigkeit handelt, paßten die Daten seiner Meinung nach besser zu einer Vererbung am X-Chromosom als zu einer Vererbung unabhängig vom Geschlecht. Damit ist aber die Erblichkeit nicht erwiesen. Wie *Sherman* (1978, 77-79) im einzelnen zeigt, entsprechen die meisten von Stafford ermittelten Korrelationen schlecht oder gar nicht dem Muster einer Vererbung am X-Chromosom. Nur die Tatbestände einer recht hohen Mutter-Sohn-Korrelation und einer fast auf Null geschrumpften Vater-Sohn-Korrelation entsprachen der Hypothese. Sie entsprechen aber auch der gesellschaftlichen Zuständigkeit für Kindererziehung und Schularbeitshilfe. Die Daten für die Töchter entsprachen gar nicht den Erwartungen, was aber von Stafford offenbar nicht als gewichtiges Problem gewertet wurde. Weitere Studien haben die Theorie nicht bestätigt. Selbst *Vandenberg/Kuse* (1979), die der Erblichkeitstheorie deutlich zuneigen und die Daten zugunsten männlicher Überlegenheit im visuell-räumlichen Vorstellungsvermögen betonen, kommen nach Prüfung aller denkbaren Verzerrungsfaktoren zu dem Schluß, daß alle neueren Studien keine Bestätigung für Vererbung am X-Chromosom liefern, sie vielmehr der Annahme zuwiderlaufen. Sie fordern zu weiterer Forschung auf, um die biologischen Ursachen, an die sie glauben, dennoch zu entdecken.

Schließlich gibt es eine ausgiebige Diskussion um die mögliche Vererbung von Aggressivität am Y-Chromosom. Pikant ist an dieser Diskussion, daß sie — anders als der Großteil der Literatur über Geschlechtsunterschiede — ausdrücklich von der sehr hohen Beteiligung von Männern an Gewaltkriminalität Notiz nimmt, jedoch zu belegen sucht, daß Kriminelle zusätzliche oder abnorm lange Y-Chromosomen besitzen. Ausgangspunkt der Theorie ist ein Fehlschluß. Argumentiert wird: Männliche Individuen sind aggressiver als weibliche; männliche Individuen haben Y-Chromosomen; die Ursache der Aggressivität mag am Y-Chromosom liegen; und schließlich (der Fehlschluß): Wenn ein Y aggressiv macht, müssen 2 Y noch aggressiver machen. Das ist ein wenig wie die Behauptung: Wenn ein Mensch mit fünf Fingern geschickt ist, muß einer mit sieben Fingern noch geschickter sein. Anomalien aller Art wirken aber nicht als schlichte Verbesserungen und Leistungssteigerungen des Normalen. Genug Magensäure hilft verdauen, doppelt so viel Magensäure wirkt eher umgekehrt.

Mehrere Untersuchungen haben eine relativ hohe Zahl von XYY-Individuen in geschlossenen Anstalten festgestellt; ihr Anteil dort war höher als ihr vermuteter Anteil in der Bevölkerung insgesamt. Keineswegs alle dieser Individuen befinden sich dort, weil sie besonders aggressiv waren. Die überwiegende Mehrheit der XYY-Männer lebt nicht in Anstalten und ist nicht auffällig. Zur Diskussion steht allenfalls, ob der Genotyp XYY eine größere Wahrscheinlichkeit begründet, in irgend einer Form auffällig zu werden. Nur eine Studie liegt vor, die eine nicht durch Anstaltsaufenthalt vorausgelesene Stichprobe von Männern sowohl nach Genotyp wie auch nach Kriminalitätsrate untersucht. Von etwas über 4.000 Männern waren 12 vom Genotyp XYY; das ist an sich eine zu kleine Zahl, um mit Prozentanteilen zu argumentieren. 5 von 12 Männern waren straffällig geworden, jedoch nicht mit Gewaltdelikten (*Meyer-Bahlburg* 1980, S. 125-126).

Es hat den Anschein, als würden Individuen mit zusätzlichen Chromosomen eher mit abweichendem Verhalten auffallen — auch XXY-Männer befinden sich häufiger in geschlossenen Anstalten als statistisch zu erwarten wäre. Eine klare Beziehung zwischen irgend einer Art von Verhalten und den Chromosomen ist jedoch nicht zu erkennen. Die Theorie, daß ein zusätzliches Y-Chromosom die Aggressivität steigert, ist ohne zuverlässige Datenbasis — und würde ohnehin über Individuen mit nur einem Y nichts aussagen.

Ganz ähnliche Probleme treten bei den Argumenten für eine hormonelle Verursachung der Aggression auf. Es werden Schlüsse gezogen von der Wirkung einer plötzlichen Dosis von Androgenen auf Ratten, die infolge der Kastration bei der Geburt bis dahin keine Androgene in ihrem System hatten, auf männliche Menschen, die ihr Leben lang den normalen Hormonspiegel hatten. Die relative „Überdosis" läßt aber keine Schlüsse zu auf die Wirkung im Normalzustand (ganz abgesehen von dem Unterschied zwischen Ratten und Menschen).

Eine Zuordnung der *Hormone* zum weiblichen oder männlichen Geschlecht ist außerordentlich problematisch. Es gibt kein Hormon, das ausschließlich bei einem Geschlecht vorkäme; das Verhältnis der Hormone zueinander ist bei Mädchen und Jungen vor der Pubertät sehr ähnlich; Androgene und Östrogene sind sich biochemisch so ähnlich, daß sie oft schwer unterscheidbar sind, und das Gehirn kann mindestens Androgene in Östrogene verwandeln. Die Forschung hierüber ist noch sehr jung. Es gibt Effekte, die als Wirkungen von Androgenen bekannt geworden sind, die bei späteren Versuchen auch mit Östrogenen hervorgerufen wurden (*Sherman* 1978, S. 105-6; *Petersen* 1979, S. 190-191). Da die Einschätzung der Wirkungsweise der Hormone noch sehr im Fluß ist (unter anderem weil es erst seit kurzem präzise Meßverfahren für das Vorhandensein von Hormonen im Körper gibt), sind alle Theorien über die Bewirkung von Geschlechtsunterschieden im Verhalten durch Hormoneinflüsse mehr als voreilig. Insbesondere ist daran festzuhalten, daß: 1. Tierexperimente keine Auskunft über die Wirkung der Hormone auf menschliches Verhalten liefern, weil es ganz besonders im emotionalen Bereich kaum Vergleichbarkeit gibt; und 2. Der Hormonspiegel durch Streß, Essen, Trinken, Anstrengungen, sexuelle Reize, und andere Faktoren (*Petersen* 1979, S. 198-99) beeinflußt wird.

Erhebliche Beachtung in der Diskussion um biologische Grundlagen haben die Veröffentlichungen von Money und Ehrhardt über hormonelle Anomalien erhalten. Sie vertreten die Ansicht, daß Androgeneinwirkungen vor der Geburt eine „Maskulinisierung des Gehirns" hervorrufen, die sich dann in männlichem Verhalten äußert. Als Beleg für die These dienen „natürliche Experimente", insbesondere bei Mädchen, die das „androgenitale Syndrom" (AGS) aufweisen, bei dem infolge einer Fehlsteuerung der Hormonproduktion Androgene in den Blutkreislauf des Fötus ausgeschüttet werden. Diese Mädchen sollen in außergewöhnlich hohem Maße „Tomboy-Verhalten" aufweisen, welches gerne auf die Hormoneinwirkungen zurückgeführt wird. In der frühen Fassung wird diese These unbekümmert unter der Voraussetzung vorgebracht, daß alle biologisch normalen Mädchen Kleidchen mit Rüschen, Puppenspiel und Tagträume von der künftigen Hausfrauenehe bevorzugen würden (*Money/Ehrhardt* 1972). In einer späteren und genaueren Arbeit verglich Ehrhardt AGS-Mädchen mit ihren Müttern und ihren Schwestern, um eventuelle Wirkungen des Erziehungsstils vergleichbar zu halten. Wenn man die Differenzen, die sie darstellt, unvoreingenommen betrachtet, so schält sich eine Tendenz zu mehr körperlicher Aktivität heraus, mit der verständlicherweise eine Bevorzugung von praktischer Kleidung einhergeht. Interessant ist aber auch, daß Jungen mit dem androgenitalen Syndrom, verglichen mit ihren Brüdern, als stärker energiegeladen und eher zu wildem Spiel geneigt eingestuft werden; auch sie hatten im Vergleich zu ihren Brüdern weniger Interesse an eigener Kleidung und Aussehen (*Ehrhardt/Baker* 1974). Man gewinnt den Eindruck, daß ein Überschuß an Hormoneinwirkung vor der Geburt zu einer allgemeinen Aktivierung führt: Es werden dann Kinder geboren, die – obwohl durchaus im Rahmen des Normalen – eher am aktiven Ende des Temperamentkontinuums liegen, oder anders gesagt, unter solchen Kindern kommen häufiger „Energiebündel" vor. Daß Kinder, die eher Energieüberschüsse abzubauen haben, sich auch weniger um hübsche oder ordentliche Kleider kümmern als ruhigere Kinder, ist eine banale Beobachtung, die wohl wenig mit Geschlechtsunterschieden zu tun hat.

Das im Rahmen der Diskussion um hormonelle Anomalien oft geschilderte Bild des „maskulinisierten" Mädchens entspricht recht gut dem, was bei den Heldinnen der „Mädchen liebt Pferd"-Bücher regelmäßig geschildert wird – Bücher, die zu hunderten in besonderen Regalen in den Jugendbüchereien stehen, weil Schulmädchen sie begeistert verschlingen. Das Verhalten, welches Ehrhardt als „maskulinisiert" bezeichnet, bietet offensichtlich intensive Identifikationsmöglichkeiten für Millionen von vorpubertären und jugendlichen Mädchen.[3] Auch deshalb scheint es wenig überzeugend, männliche Hormone dafür verantwortlich zu machen.

Eine Reihe von Thesen werden gegenwärtig in der Literatur erörtert, die Unterschiede in den Reifungsprozessen oder in den *Gehirnfunktionen* zwischen den Geschlechtern vermuten. Diese Theorien widersprechen sich z. T. diametral. Insbesondere ist so gut wie nichts über geschlechtypische Funktionsunterschiede im Gehirn unmittelbar bekannt. Sie werden aus der Beobachtung unterschiedlichen Verhaltens geschlossen (*Waber* 1979, S. 47), dann aber wiederum zur Erklärung der Verhaltensunterschiede vorgeschlagen. Waber berichtet, daß Individuen, deren körperliche Gesamtreifung später abgeschlossen ist, eher bessere visuell-räumliche Vorstellungsleistungen erbrachten. Dies galt aber für Mädchen und Jungen und ist daher auch dann nicht geeignet, Geschlechtsunterschiede zu erklären, wenn wir eine generell langsamere Reifung von Jungen annehmen. Im übrigen waren die Differenzen innerhalb des

Geschlechts weit größer als die zwischen den Geschlechtern (Waber in *Gullahorn* 1979, S. 50-57). Vermutlich wäre es sinnvoller, alle Forschungen dieser Art von dem Anspruch abzukoppeln, „Geschlechtsunterschiede" erklären zu sollen, und sie an ihren tatsächlichen Erkenntnisaussichten zu orientieren, die darin bestehen, Zusammenhänge zwischen Bedingungen (wie körperliche Reifung, Linkshändigkeit, etc) und Ergebnissen klar einzugrenzen und zu verfolgen. Das Geschlecht ist ein zu komplexes und umfassendes Phänomen, um als unabhängige Variable bei dieser Art Forschung genommen zu werden.

Einer großen Beliebtheit erfreuen sich nach wie vor Vergleiche zum *Tierverhalten*, um die „natürlichen" Differenzen zwischen den Geschlechtern zu beweisen. *Wittig/Petersen* (1979), deren Sammelband bewußt in Richtung auf biologische Faktoren gewichtet ist, lassen die Forschung mit Tieren als prinzipiell auf Menschen nicht übertragbar ganz außer Acht (*Petersen in Wittig/Petersen* 1979, S. 198-99). Im allgemeinen hat es den Anschein, daß Tiervergleiche umso stärker herangezogen werden, je schwächer die Datenbasis für Aussagen über Menschen ist, und daß die Wahl der als vergleichbar betrachteten Tiere nach Thema schwankt.

Besonders häufig im Bereich der Aggression werden Ratten, Katzen, Hunde und Hühner angeführt. Diese Tiere haben phylogenetisch wie im Verhalten relativ wenig mit den Menschen gemein; Verallgemeinerungen auch zwischen den genannten Tierarten untereinander wären kaum zulässig. Sie werden deshalb oft erwähnt, weil sie in großer Zahl für Laborexperimente zur Verfügung stehen. Außerdem scheint es besonders bei Ratten eine sehr niedrige Hemmschwelle gegenüber massiven Eingriffen, Verstümmelungen, Herbeiführung von Mißbildungen und Krankheiten zu geben. So werden Ratten unmittelbar nach (oder sogar vor) der Geburt kastriert bzw. werden die Eierstöcke entfernt; die intern fehlenden Hormone werden dann später eingespritzt, um die Wirkung festzustellen.

Der Vergleich mit dem Verhalten von Tieren in freier Wildbahn beruft sich vorwiegend auf die Tierprimaten. Mehrere Strategien stehen hier zur Verfügung:

1. Mögliche Geschlechtsunterschiede werden nacheinander durchgenommen; der allgemeine Hinweis auf „Affen" oder „Primaten" wird dann bei der Nennung der Belege jeweils im Hinblick auf bestimmte Affenarten konkretisiert. Oft fehlt sogar die Bemerkung, daß der betreffende Unterschied bei anderen Affenarten nicht vorkommt. In diesen Texten werden uns abwechselnd Paviane, Makaken, Rhesusäffchen, Schimpansen, Orang Utans vorgeführt. Die Unterschiede zwischen den Geschlechtern sind bei den verschiedenen Affenarten sehr unterschiedlich ausgeprägt, sie summieren sich aber, wenn man sie alle zusammen nimmt, zu einem stattlichen Haufen. Obwohl die Daten vor allem die Unterschiedlichkeit der Geschlechterdifferenzierung unter den Primaten belegen, entsteht bei der Lektüre meist der Eindruck einer eher einheitlichen Tendenz.

2. Aufgrund ihrer Verfügbarkeit im Labor und wegen des Vorhandenseins einer relativ ausführlichen Literatur über sie wird ausschließlich auf Rhesusäffchen bezug genommen. Das Problem der Übertragbarkeit stellt sich hier schon bei Schimpansen, wird aber meist nicht erörtert.

3. Diejenigen Affen werden zum Vergleich herangezogen, deren Sozialverhalten und Lebensweise nach Meinung des Autors die größte Ähnlichkeit mit der „ursprünglichen" Lebensweise der Menschen in Urzeiten aufweisen. Die Argumentation verläuft dann natürlich im Zirkel, da das Sozialverhalten dieser Affen nun wiederum zum Beweis für die eigentliche Natur der Menschen genommen wird. L. Tiger wählte z.b. die bodenlebenden Paviane gerade, weil deren Geschlechtsunterschiede im Verhalten denen entsprechen, die er für die „natürlichen" Unterschiede zwischen Frauen und Männern hält. Zudem sind die im Steppenland lebenden Paviane aus weiter Entfernung beobachtbar, sodaß relativ viel über ihr Leben in freier Wildbahn bekannt ist. Th. Rowell hingegen hat waldlebende Paviane beobachtet und erheblich andere Verhaltensweisen gefunden, und zwar insbesondere hinsichtlich Dominanz, Rigidität der Sozialstruktur und männlicher Aggressivität. Umweltfaktoren scheinen selbst unter den Affen erhebliche Unterschiede im Sozialverhalten, insbesondere im Geschlechterverhältnis bewirken zu können (*Martin/Voorhies* 1975, S. 134ff.; *Haraway* 1978, S. 47ff.).

4. Am ehesten leuchtet das Verfahren ein, die morphologisch und physiologisch den Menschen ähnlichsten Affen auszumachen und ihr Verhalten zu betrachten, wiewohl auch dieses Vorgehen allenfalls Hypothesen über den Übergang zur Menschwerdung bereichern könnte. Die Wahl muß hier auf die Schimpansen fallen, die nicht nur anatomisch den Menschen am nächsten stehen, sondern auch biochemisch: Sie besitzen zu 99 % mit dem menschlichen identisches Genmaterial (*Tanner/Zihlmann* 1976). Körperliche und verhaltensmäßige Unterschiede zwischen den Geschlechtern sind jedoch bei Schimpansen recht gering. Sie werden festgestellt bei der Fellpflege, beim Lausen sowie beim Begrüssungsverhalten; dies sind Bereiche, die beim Menschen weniger untersucht worden sind. Außerdem ist die Mutter-Kind-Beziehung etwas stabiler bzw. dauerhafter als andere Beziehungen, und das Muttertier hat die Hauptverantwortung für die sehr jungen Tiere (*Martin/Voorhies* 1975, S. 141; *Tanner/Zihlmann* 1976). Keine Geschlechtsunterschiede werden beobachtet bei der sonstigen Aufgabenverteilung, den Fähigkeiten, der Aggressivität, der Reichweite ihrer Aktionsfelder oder der Dominanz. Die überzeugendste Schlußfolgerung wäre, daß mit zunehmender Nähe der Affenarten zu den Menschen eine deutliche Despezialisierung der Geschlechter stattfindet. Wahrscheinlich kann nicht einmal mit Sicherheit davon ausgegangen werden, daß bei den frühesten Menschen die Pflege der Kleintiere nach Geschlecht biologisch vorbestimmt war. Von diesen Voraussetzungen ausgehend hat *Cucciari* (1981) ein sehr interessantes Modell entworfen, wie aus der biologisch nicht mehr differenzierten „Urhorde" der ersten Menschen die Trennung von Aufgabenbereichen nach Ge-

schlecht und die relative Dominanz des männlichen Geschlechts entstanden sein kann.

Die Annahme biologisch begründeter Geschlechtsunterschiede wird gern mit dem Hinweis auf *interkulturelle Vergleiche* abgestützt. Zwar hat sich in der Völkerkunde und der Soziologie die Suche nach universellen Konstanten als naive Täuschung herausgestellt; die heute ernstzunehmenden Ansätze einer theoretischen Integration sind eher strukturalistisch ausgerichtet oder stehen in der Tradition des Auffindens von Zusammenhängen zwischen materiellen Bedingungen und sozialen Verhältnissen. In der Psychologie werden jedoch noch gerne Behauptungen über die Universalität von Verhaltensmerkmalen aufgestellt.

Die Verwendung des Kulturvergleichs zur Beweisführung für biologische Ursachen geht von drei Annahmen aus, die bei näherer Betrachtung nicht haltbar sind. Es wird vorausgesetzt, daß biologisch verursachte Unterschiede

1. in allen Gesellschaften erscheinen müßten,
2. unveränderbar sind, und daß
3. ein Merkmal, das in allen uns bekannten Kulturen erscheint, biologisch verursacht sei.

Schon Beispiele von Individuen zeugen davon, daß relative Schwächen motivierend wirken können und durch intensives Training sogar in überdurchschnittliche Fähigkeiten umgemünzt werden. Erbliche Vorgaben können durch körperliche, seelische und geistige Förderung und durch die Wirkung sozialer Erwartungen positiv oder negativ überlagert werden. Biologische Unterschiede können also bei einigen Kulturen unterdrückt werden, sie müssen nicht zwangsläufig überall erscheinen. Andererseits sind biologische Grundlagen nicht zeitlos. Sie können, wie etwa heute die Gebärfähigkeit und ihre möglichen Verhaltensfolgen, durch Technologie (z. B. Verhütung) und gesellschaftlichen Bedingungen (Überbevölkerung u.a.) ihre Wirksamkeit verlieren. Wir sollten nicht übersehen, daß es in der Menschheitsgeschichte auch andere, ebenso folgenreiche „Einbrüche" der Technologie gegeben hat: den Übergang zum Werkzeuggebrauch, zur Jagd, zu Ackerbau und Viehzucht, die Industrialisierung. Sie können alle dazu geführt haben, daß eventuell früher vorhandene biologische Grundlagen für das Verhalten überflüssig oder außer Kraft gesetzt wurden.

Schließlich beweist die Universalität von Verhalten in allen uns bekannten Kulturen nichts über die Biologie. Es könnte sich auch um strukturelle Ähnlichkeiten in den Umständen der Menschwerdung oder aber in den Möglichkeiten der Bildung überlebensfähiger sozialer Gruppen bei primitiver Technologie handeln, die zu weitverbreiteten Erscheinungen führen.[4]

Es gibt keine biologisch angelegte Verhaltenstendenz — einschließlich des Selbsterhaltungstriebes — die nicht aus kulturellen Gründen überwunden werden könnte. Beispiele (Askese, Kamikaze, Hungerstreik) sind leicht aufzuzählen. So führen auch geringe Korrelationen oder fehlende Universalität nicht ohne weiteres zur Aufgabe der biologischen Hypothese. Es können biologische Tendenzen angenommen werden, deren kulturelle Überformung sie nur noch schwach durchscheinen läßt. Umgekehrt können dieselben schwach aufscheinenden Tendenzen als Beleg dafür gelten, daß der normative Druck der Kultur trotz vollends fehlender biologischer Grundlage seine Wirkung tut.

Als Warnung vor der Verlockung zu biologischen Erklärungen sollte vielleicht daran erinnert werden, daß bei den europäischen Juden die Unfähigkeit zur körperlichen, insbesondere landwirtschaftlichen Arbeit am Anfang dieses Jahrhunderts schon als biologisch vererbt galt. Der Wunsch, dies zu widerlegen, war ein starker Antrieb der frühen Kibbuz-Bewegung, Momentan ist es die Erforschung der Spezialisierung der Gehirnhälften, die bei dem „Nachweis" biologisch begründeter Geschlechtsunterschiede hoch im Kurs steht. Zugleich gibt es einige Hinweise auf Unterschiede nach sozialer Schicht (*Lambert* 1978, S. 110), und das als „geschlechtstypisch" für Frauen geltende Muster wird bei *Martindale* (1978) für jüdische Versuchspersonen gefunden. Mindestens ebenso glaubwürdig wäre die Annahme, daß historische Erfahrungen von Unterdrückung und Benachteiligung zu einer gewissen Verkümmerung von Fähigkeiten führen können, oder daß auch ein Selbstbild des „Könnens" oder „Nichtkönnens" entsteht, welches die Leistungen in Testsituationen ein wenig verschieben kann. Für die kleinen Differenzen, die beim Mittelwert der Testleistungen jeweils gefunden werden, würden solche Einflußfaktoren durchaus auch ausreichen.

4. Einschätzung der Bedeutung der vorliegenden Ergebnisse

Aus dem Vorangegangenen ist deutlich geworden, daß die empirische Forschung ingesamt keine Belege für eindeutige, klar ausgeprägte Unterschiede zwischen den Geschlechtern liefert. Es gilt nun, die Bedeutung dieser Sachlage einzuschätzen.

1. Die referierte Forschung ist zum größten Teil dem Denkstil der Eigenschaftspsychologie verpflichtet, d. h. daß den Individuen eine zeitlich überdauernde, situationsübergreifende Neigung oder Fähigkeit zu einem bestimmten Verhalten unterstellt wird. Das Verhalten wird gemessen oder gezählt, höhere Werte werden gedeutet als Anzeichen für eine Disposition, sich so zu verhalten, und das Geschlecht gilt dann als ein Merkmal der Person, welches eventuell die Disposition erklären könnte. Die Grundannahmen der Eigenschaftspsychologie sind oft kritisiert worden, das Modell ist sicherlich unzulänglich, um das Verhalten von Menschen in wirklichen Lebenssituationen zureichend zu beschreiben (vgl. hierzu z. B. *Sherif* 1979, S. 117; *Bilden* 1980, S. 779ff.). Weitzman vertrat schon 1975 die These, daß gerade geschlechtstypisches Verhalten in hohem Maße situationsspezifisch ist, so daß widersprüchliche und unklare Forschungsergebnisse zu erwarten sind (*Weitzman* 1979,

S. 177). Alles Verhalten, das von den Normen für die Geschlechter betroffen ist, wird demnach unterschiedlich in Erscheinung treten je nach der Situation, je nach der Beziehung zu Interaktionspartnern (einschließlich Beobachter), und je nach der lebensgeschichtlichen Entwicklung des Selbstbildes.

Einige Untersuchungen versuchen diese Faktoren mitzuerfassen. Die Daten über aggressives Verhalten und Gehorsam sehen sehr unterschiedlich aus, je nachdem, ob das Verhalten gegenüber gleich- oder andersgeschlechtlichen, gleichaltrigen oder erwachsenen Personen erfaßt wird. Auch die testpsychologischen Messungen von Weiblichkeit und Männlichkeit bewegen sich etwas schwerfällig in die Richtung, die Beziehung zwischen Selbstbild und Verhalten anzusehen. Die unklaren Ergebnisse der Forschung sind zu einem großen Teil darauf zurückzuführen, daß das Geschlecht per se eine ungeeignete unabhängige Variable ist. Sie besagen nicht, daß es keine Unterschiede im Verhalten weiblicher und männlicher Personen gibt.

2. Unterschiede in den kognitiven Fähigkeiten der Geschlechter sind gering oder nicht existent, sofern wir breite Kategorien nehmen, die für praktisch bedeutsame Bereiche von Leistungen gelten.[5] Andererseits sind Unterschiede nach Geschlecht in der Forschung relativ häufig, sie sind jedoch auf spezielle Meßgrößen und oft auf spezielle Versuchsanordnungen beschränkt. Wird eine „Fähigkeit" in überprüfbare Einzelleistungen übersetzt, treten bei manchen konkreten Teilaufgaben Unterschiede nach Geschlecht auf, die aber bei anderen Teilaufgaben oder bei einer abweichenden Operationalisierung verschwinden oder zugunsten des anderen Geschlechts ausfallen. Eben das Vorgehen von Maccoby und Jacklin und anderen, die Vielzahl vorliegender Untersuchungen begrifflich zusammenzufassen, führt als methodisch bedingte Folge ihres Vorgehens dazu, keine eindeutige Bestätigung für Unterschiede zu finden.

Allem Anschein nach gibt es Fähigkeiten oder Geschicklichkeiten, die nur in sehr spezifischen Situationen zum Tragen kommen. Als Vergleich wäre an das Beispiel bestimmter chemischer Verbindungen zu denken, die von manchen Menschen gerochen werden können, während andere keinen Geruch wahrnehmen, ohne daß sich die Schärfe des Geruchssinnes allgemein unterscheiden würde. Solche sehr spezifischen Fähigkeiten könnten auch im Alltag, beispielsweise in der Schule dazu führen, daß *einzelne* Aufgaben einem Individuum leichter fallen oder schneller gelingen. Die begrenzte Tragweite dieser Fähigkeiten bedeutet jedoch, daß solche Einzelerfolge für sich genommen niemals ausreichen würden, eine generelle Überlegenheit in einem Fach, einer Sportart, oder einem Spiel zu bewirken. Von großer Bedeutung wäre hingegen die Deutung der Einzelerfolge im Rahmen der stereotypen Erwartungen je nach Geschlecht.

Sofern Unterschiede zwischen den Leistungen von Mädchen und Jungen bzw. Frauen und Männern über Einzelaufgaben hinaus feststellbar sind, ist die Größenordnung dieser Unterschiede sehr viel geringer, als in der interpretierenden Literatur meist zur Kenntnis genommen wird. Die meisten Theorien zur Erklärung dieser Unterschiede, vor allem die biologischen Theorien, haben zu wenig beachtet, wie klein die Differenzen sind. Verallgemeinernd kann festgestellt werden, daß die Anlagen und die Bereitschaft zu Leistungen und Verhaltensweisen nicht im strengen Sinne geschlechtstypisch verteilt sind. Das Geschlecht hat kaum Bedeutung gegenüber individuellen Faktoren.

3. Über den Zeitraum der letzten 30 Jahre ist zu beobachten, daß die empirische Forschung immer weniger Belege für Geschlechtsunterschiede findet. Dies kann einerseits ein erfreuliches Resultat des Abbaus von Vorurteilen sein, welche in der Vergangenheit auf Methoden und Interpretationen Einfluß gehabt haben. Es ist aber außerdem möglich, daß die gleichen gesellschaftlichen Veränderungen, die zu einer methodisch sorgfältigeren Forschung geführt haben, auch in der sozialen Wirklichkeit die vorhandenen Unterschiede verringert haben. In großangelegten und methodisch unveränderten Erhebungen der mathematischen Leistungen von Schülern/innen fand z.B. Flanagan 1975 einen geringeren Unterschied zwischen Mädchen und Jungen als 1960. (*Sherman* 1978, S. 59). Die Beziehungen, die Fennema und Sherman zwischen Curriculum und räumlichen und mathematischen Leistungen aufstellen, legen den Schluß nahe: je weniger die „natürlichen" Unterschiede zwischen den Geschlechtern als Rechtfertigung für den Ausschluß der Mädchen aus „männlichen" Fächern und Sportarten genommen werden, desto geringer sind die Unterschiede in den feststellbaren Fähigkeiten.

Wichtig wäre vor allem zu betrachten, welches Gewicht jeweils der Vermittlung von eher sprachlichen und eher räumlichen und mathematischen Fähigkeiten zugemessen wird. Es wird oft darauf hingewiesen, daß Behinderungen und Schwierigkeiten beim Lesenlernen und bei der Rechtschreibung häufiger bei Jungen als bei Mädchen vorkommen. Die Schulpädagogik hat eine Fülle von Unterrichtsmethoden zur Begegnung dieser Schwierigkeiten entwickelt: Vor allem bei langsamer Entwicklung der sprachlichen Fähigkeiten wird Förderunterricht erteilt. Sherman meint, man könne die Geschichte der Pädagogik als Geschichte der Bemühungen sehen, männliche Kinder auszubilden, denn gegen Schwäche der räumlichen Fähigkeiten tut die Schule erheblich weniger (*Sherman* 1978, S. 172). Zugleich sind die Spiele und Freizeitaktivitäten der Jungen gerade in Richtung auf räumliche Orientierung und Vorstellung ausgeprägt. In Kindergärten und Vorschulen werden die Bausteine schnell als kollektives Eigentum der Knaben definiert. Wie später zu besprechen sein wird, ist dies ein Alter stark emotionaler Besetzung von Geschlechterstereotypen äußerlicher Art; es kann für Erzieher/innen in der Tat schwer sein, dagegenzusteuern. Aufgabe des öffentlichen Schulsystems ist jedoch vor allem, Kindern die Chance zu bieten, das zu lernen, was sie *nicht* schon von Hause aus wissen oder können. Es wäre denkbar, daß die Schule mehr dazu täte, die räumlichen Fähigkeiten zu fördern, die im geschlechtstypischen Spiel der Jungen ohnehin geübt werden. Beispielsweise denkt sich ein Turnlehrer der Grundschule meiner Tochter offenbar überhaupt nichts dabei, in der Turnstunde selbst mit den Jungen Fußball zu spielen, während die Mädchen darauf verwiesen werden, sich allein mit Reifen zu beschäftigen. Die Mädchen mußten massiv protestieren, ehe sie einmal „mitspielen" durften, und in der nächsten Stunde mußten sie diesen Wunsch erneut gegen den Lehrer durchsetzen. Man stelle sich vor, die Lehrerin würde die Jungen auf den Hof zum Spielplatz schicken, während sie den Leseunterricht ausschließlich mit den Mädchen durchführt – mit der Behauptung, die Mädchen hätten mehr Spaß am Lesen und würden eher stillsitzen!

4. Die feststellbaren Unterschiede im Sozialverhalten liegen in der Dimension Herrschaft/Unterordnung. In einer Gesellschaft, in der sowohl öffentliche wie private Gewaltausübung überwiegend bis ausschließlich Männern vorbehalten ist, können diese Unterschiede im Verhalten von Kindern als Schritte im Erlernen der Normen unserer Kultur verstanden werden.

Schätzungen über die Verbreitung familiärer Gewalt reichen bis zu der Vermutung, daß in jeder zweiten Ehe die Frau geschlagen wird (*Walker* 1979). Die Auswirkung miterlebter Mißhandlung der Mutter auf Mädchen und Jungen ist geschlechtsspezifisch (*Hagemann-White/Kavemann* u.a. 1981). Die Verteilung aggressiven Verhaltens bei Jungen ist wahrscheinlich nicht die der „Normalkurve", sondern wird durch eine Häufung von extremer Aggressivität nach oben geschoben, weil ein Teil der Söhne aus Mißhandlungsehen sich mit dem gegen die Mutter hemmungslos aggressiven Vater zu identifizieren begonnen haben. Umgekehrt kann es eine Häufung von ungewöhnlich aggressionsgehemmten Mädchen geben, die beispielsweise schon bei dem Wutausbruch eines anderen Kindes (der gar nicht auf sie bezogen war) Schweißausbrüche und Herzklopfen erleben. Diese Erscheinungen scheinen von den Familienerfahrungen sehr unterschiedlich beeinflußt zu werden und können nicht als allgemeine Folgen „weiblicher" oder „männlicher" Sozialisation angesehen werden.

Jede Gesellschaft gibt Aggressionsformen vor, legitimiert einige Anlässe und Äußerungsformen und tabuiert andere, bewertet Aggressionsverhalten unterschiedlich und bestimmt den Personenkreis, gegen den Aggressivität zugelassen wird. Die gesellschaftliche Einschränkung aggressiver Regungen fordert allen Individuen eine partielle Unterdrückung oder Beherrschung dieser Impulse ab. Im Verhältnis dazu ist es, gesellschaftlich gesehen, ohne Belang, inwiefern einige Individuen (aus hormonellen oder anderen Gründen) etwas mehr an Aggressivität zu bewältigen haben als andere. Das Extrem des weiblichen Idealbildes, das die Unterdrückung aller aggressiver Regungen verlangte, ist heute sicherlich ebenso dysfunktional geworden wie das Extrem des männlichen Idealbildes, in dessen Tradition noch ein Vater seinen kleinen Sohn öffentlich verspottet, wenn er am Spielplatz einen anderen Jungen nicht verfolgt und schlägt. Das Verhalten von Mädchen und Jungen in bezug auf Aggression, Gehorsam/Trotz und Angst wird nachhaltig beeinflußt durch die Machtverhältnisse und den Machtmißbrauch in der sie umgebenden erwachsenen Gesellschaft. Wahrscheinlich sind weder empirische Messungen von der Häufigkeit von Verhaltenseinheiten, noch Nachforschungen über unterschiedliche Erziehungsmaßnahmen besonders aufschlußreich; wir werden vielmehr als Erwachsene entscheiden müssen, ob wir in einer Gesellschaft leben wollen, die ein solch hohes Maß männlicher Aggressivität toleriert.

Dieser Überblick über den Forschungsstand berücksichtigt vor allem die Literatur der letzten drei bis vier Jahre, die in schon vorliegenden deutschsprachigen Übersichten größtenteils noch nicht berücksichtigt werden konnte (*Bilden* 1980, *Degenhardt* 1979, *Schenk* 1979). Allein für diesen Zeitraum war eine Fülle von Material vorhanden, das nicht in allen Aspekten hier eingehen konnte. Abschließend möchte ich zwei Eindrücke aus der Gesamtlektüre mitteilen.

Erstens: Die deutschsprachige Literatur — von den eher konservativen Biologen bis hin zu den Feministinnen — ist erheblich eher geneigt, starke und sogar angeborene Geschlechtsunterschiede anzunehmen als die englischsprachige. Bei deutschen Texten habe ich regelmäßig feststellen müssen, daß sie amerikanische Daten in Richtung auf tiefgreifende oder biologisch bedingte Geschlechtsunterschiede überinterpretierten oder Formulierungen wählten, die ein weitaus stärkeres Maß an Unterschiedlichkeit vorspiegeln, als in den Quellen mitgeteilt. Sogar Texte von Autoren, die Originalbeiträge in beiden Sprachen veröffentlicht haben, unterscheiden sich in diesem Sinne: der deutsche Text vermittelt wesentlich stärker den Eindruck ursächlich verantwortlicher biologischer Faktoren (vgl. *Meyer-Bahlburg* 1974 und 1980). Dem entspricht auch, daß Texte über weibliche Sozialisation die Klischeebilder der Geschlechter zumeist als faktisch vorhandene Sozialcharaktere behandeln, so daß nur noch gefragt wird, wie es dazu kommt, daß Frauen all diese Merkmale haben. Nach meinem Eindruck ist dies nicht darauf zurückzuführen, daß die Klischees in Deutschland eher der Wirklichkeit entsprechen; vielmehr ist zu beobachten, daß Frauen, die nach eigener Einschätzung dem Bild nicht entsprechen, selbst innerhalb der Frauenbewegung von Zweifeln über ihre Weiblichkeit gequält sind. Vereinzelt berichtete Ergebnisse empirischer Erhebungen von geschlechtstypisch vermutetem Verhalten in Deutschland geben keinen Anlaß zu der Annahme, daß die Unterschiede hier ausgeprägter wären. Ich vermute eher, daß die Entfremdung zwischen den Geschlechtern tiefer ist: die Kommunikation stärker behindert, die Selbstbilder stärker polarisiert.

Mein zweiter Eindruck ist, daß mit Geschlechtsunterschieden unterschiedlich umgegangen wird. Texte über Unterschiede, bei denen eine weibliche Überlegenheit zur Diskussion steht, sind insgesamt zurückhaltender geschrieben: das Ausmaß des Unterschiedes wird (bei durchaus vergleichbarer Datenlage) eher heruntergespielt, biologische Argumente werden kaum vorgebracht, dafür die Bedeutung sozialer und kultureller Einflüsse betont. Stehen hingegen Differenzen zur Diskussion, die männliche Überlegenheit aufweisen würden, wird in der Argumentation oft kurzgeschlossen; wir bewegen uns innerhalb eines Aufsatzes in rasanter Geschwindigkeit von isolierten Befunden mit kleinen Unterschieden zu allgemeinen Hypothesen, die sich wiederum einige Absätze später in faktische konstitutionelle Unterschiede verwandelt haben.

Extrem biologistische Auffassungen von „Begabung" sind in diesen Texten häufiger, d. h. etwa daß Differenzen im IQ unter der Voraussetzung besprochen werden, als wären sie allein aus genetischen Vorgaben abzuleiten, selbst wenn es um einen Unterschied von 10 IQ-Punkten geht. Spuren der Lernfähigkeit des Menschen werden ärgerlich beiseitegewischt, wie z. b., wenn Bindel fordert, es müßten endlich „solche Testverfahren zum Einsatz kommen, die möglichst rein bestimmte biologische Intelligenzfaktoren ermitteln können" (Bindel 1979, S. 139). Ein Vergleich der Beiträge von Bindel und Wintermantel (in Keller 1979) vermittelt einen Eindruck von diesem unterschiedlichen Umgang. Es wäre eine eigene meta-wissenschaftliche Untersuchung wert, die unterschiedliche Behandlung von Daten, die unterschiedliche Aggressivität im Vorbringen von Schlußfolgerungen und die unterschiedlichen Ebenen der Erklärung systematischer nachzuprüfen; hier scheint auch einiges an geschlechtstypischem Verhalten innerhalb der Wissenschaft vorzuliegen.

II. Mittel, Wege und Wirkungen geschlechtsspezifischer Erziehung

Die Frage nach unterschiedlichem Erziehungsverhalten gegenüber Mädchen und Jungen kann nicht von der Voraussetzung ausgehen, daß dadurch verschiedene Charaktere bewirkt oder hergestellt würden. Aus der Feststellung von Erziehungsmaßnahmen ist noch kein Schluß auf den Erziehungserfolg zu gewinnen; selbst massiver sozialer Druck kann auch das Gegenteil seines Ziels bewirken. Die in diesem Abschnitt zu beschreibenden Mittel und Wege geschlechtsspezifischer Erziehung vermitteln der heranwachsenden Generation vor allem, daß das gleiche Verhalten unterschiedliche Bedeutung hat, je nachdem, ob ein Junge oder ein Mädchen es tut. Dabei ist zu berücksichtigen, daß Geschlechtsnormen zugleich auch Altersnormen sind: Was als weiblich oder männlich gilt, ist für verschiedene Altersgruppen unterschiedlich definiert. Es wird als „für ihr Alter normal" eingeschätzt, wenn Mädchen und Jungen im Grundschulalter getrennt spielen wollen, für 15jährige gilt der Wunsch nach Aktivitäten gemeinsam mit dem anderen Geschlecht als „normal". Bei Achtjährigen ist es für Mädchen eher typisch, daß sie gut im Rechnen sind und gerne rechnen; bei Achtzehnjährigen ist starkes Interesse an Mathematik eher untypisch. Daher ist anzunehmen, daß auch die Mittel und Wege der Erziehung altersspezifisch in ihrer Wirksamkeit sind.

1. Erziehung in der Familie

Die Forschung in diesem Bereich stand lange unter dem Einfluß theoretischer Konstrukte, die durchweg eine Verursachung der Geschlechtsrollenannahme durch das Verhalten der Eltern unterstellten, auch wenn die Wege dieser Verursachung in psychoanalytischen und lerntheoretischen Theorien unterschiedlich eingeschätzt wurden. Zur Überprüfung der Theorien wurden und werden Korrelationen zwischen Elternverhalten und geschlechtstypischem Verhalten (bzw. Selbstbeschreibung) der Töchter und Söhne gesucht. Das Elternverhalten wurde teils abgefragt (was mit größeren Stichproben, aber weniger Zuverlässigkeit hinsichtlich des tatsächlichen Verhaltens verbunden ist), teils in Versuchssituationen beobachtet. Sofern Korrelationen auftreten, ist jedoch empirisch meist nicht nachweisbar, welche Seite den Stellenwert einer Ursache hätte, oder ob überhaupt dritte Faktoren beide Phänomene hervorgerufen haben.

So wird gerne eine Studie von Moss zitiert, der bei Beobachtungen von Mutter-Kind-Interaktionen (die immerhin über einen Zeitraum von jeweils 8 Stunden in der normalen häuslichen Umgebung durchgeführt wurden) feststellte, daß männliche Säuglinge häufiger quengelten und auch häufiger auf den Arm genommen werden. Die beiden Studien, die dieses Ergebnis hatten, wurden mit Stichproben von 30 bzw. 54 Kindern durchgeführt (*Moss* 1974, S. 152 f., 157 f.). Nun ist aber nicht festzustellen, ob die Mütter einfühlsam auf die jeweiligen Bedürfnisse der Kinder eingingen, oder ob männliche Kinder erst durch die Neigung der Mutter, sie dafür zu belohnen, zu häufigerem Quengeln erzogen wurden – oder ob vielleicht Kinderärzte und Krankenhauspersonal sowohl die Kinder unterschiedlich nach Geschlecht behandelt hatten, wie auch den Müttern unterschiedliche Verhaltensmaßregeln eingeschärft hatten, je nachdem, ob sie einen Sohn oder eine Tochter hatten. Diese wie die meisten Untersuchungen waren mit erstgeborenen Kindern durchgeführt worden (um die relative Gleichheit der Bedingungen zu sichern), d. h., es waren Mütter, die oft sehr unsicher und daher dem Rat und den Anweisungen von Fachkräften und Ärzten ausgeliefert sind. Die gefundenen Geschlechtsunterschiede wurden bei einer späteren Untersuchung mit 121 Säuglingen nicht bestätigt. Dazu bemerkt Moss, es hätten die Beobachter der späteren Studie möglicherweise Äußerungen männlicher Kinder, die bei der früheren Untersuchung als „Quengeln" eingestuft wurden, nun eher als „Sprechverhalten" (vocalization) bewertet. Der Geschlechtsunterschied (den es beim eindeutigen Schreien nicht gegeben hatte) lag in einem Bereich, der unterschiedlich gedeutet werden kann. Zudem vermutet Moss aufgrund einiger Mitteilungen von Müttern, daß zum Zeitpunkt der späteren Untersuchung Kinderärzte dazu übergegangen waren, eher Medikamente für unruhige quengelnde Kinder zu verschreiben (bzw. Koliken zu diagnostizieren), deren Verabreichung nun die Unruhe verringert hätte. (*Moss* 1974, S. 160-161). Umgekehrt könnte man allerdings auch spekulieren, daß geschlechtsspezifische Erwartungen von Ärzten und/oder Müttern zum Zeitpunkt der früheren Untersuchung dazu verleitet hatten, tatsächliche Beschwerden (Blähungen etc.) bei Jungen eher zu ignorieren. An diesem Beispiel wird vor allem deutlich, wie wenig Schlußfolgerungen bezüglich Ursachen aus der Beobachtung von Mutter-Kind-Interaktionen gezogen werden können, denn schon bei Neugeborenen wirken neben der Hauptbezugsperson die miterziehenden Personen und Institutionen ein. Zudem ist es schwierig, den Anteil der Erwachsenen und den Anteil der Kinder an dem gegenseitigen Sozialisationsprozeß genau auszumachen. Gerade in der Familie sind subtile Wechselwirkungen häufig; individuelle, ad hoc entworfene Lösungen für naturwüchsig entstandene Probleme kennzeichnen das Erziehungsgeschehen.

Relativ gut belegt ist inzwischen die Tendenz von Erwachsenen, unterschiedliche Wahrnehmungen und unterschiedliche Erwartungen bei weiblichen und männlichen Kindern zu bilden. Das Geschlecht anderer Menschen ist für die Orientierung des alltäglichen Verhaltens grundlegend; wenn Information darüber fehlt, wird es vermutet oder unterstellt, um Interaktion überhaupt zu ermöglichen. Dies gilt offenbar sogar dann, wenn Erwachsene kurze Zeit mit einem Säugling (*Seavey* u.a. 1975) oder mit einem Kleinkind (*Frisch* 1977) umgehen sollen. Es spricht einiges dafür, daß die Geschlechtszugehörigkeit unter Kindern im Vorschulalter nicht diesen Stellenwert hat, sondern sie eher situationsspezifisch interessiert. Bei Erwachsenen in unserer Kultur scheint hingegen das Geschlecht die erste und wichtigste Information zu sein, die auch bei flüchtiger Interaktion gemerkt wird (*Unger* 1979, S. 20f.). Selbst gegenüber (objektiv ununterscheidbaren) Neugeborenen werden unterschiedliche Eigenschaften wahrgenommen, je nachdem, ob sie als weiblich oder männlich identifiziert werden (*Rubin* u.a. 1974, *Segal* 1981). Erwartungshaltungen beeinflussen die Deutung aller Lebensäußerungen eines Kindes, und diese Erwartungen sind durch das Geschlecht im Sinne der bekannten Stereotypen ausgerichtet.

Weniger gut belegt sind Unterschiede im tatsächlichen Erziehungsverhalten gegenüber Töchtern und Söhnen. Manche der in populären Texten hochgespielten Unterschiede scheinen nach Land, Region und sozialer Schicht unterschiedlich zu sein. So haben Brunet und Lézine in einer Untersuchung in Frankreich festgestellt, daß Mütter eine Tochter wesentlich seltener und kürzer an der Brust stillen als einen Sohn; *Belotti* (1975) und andere haben dies als Beleg für systematische Benachteiligung von Mädchen ausgewertet. Goldberg und Lewis hingegen haben in den USA berichtet, daß Mädchen bereitwilliger und länger gestillt wurden als Jungen (*Lott* 1981, S. 32). Dies ließe sich wiederum als Tendenz deuten, die Tochter eher zu Anhänglichkeit und Abhängigkeit zu erziehen. Einzelne Erziehungsmaßnahmen sind keine geeignete Basis für solche weitreichende Schlußfolgerungen, und die Erklärungsmuster für ihre Wirkungsweise erweisen sich als gummiartig dehnbar.

Aufschlußreicher dürften Untersuchungen sein, die ausführlicher und über Zeit das Erziehungsverhalten im Zusammenhang betrachten. Die Längsschnittuntersuchung von Newson & Newson in England wird als eines der wichtigsten und differenziertesten Unternehmen dieser Art anerkannt; möglicherweise sind auch die sozialen Schichtverhältnisse den deutschen ähnlicher als das bei den US-Studien der Fall ist. Seit 1958 haben die Newsons die Erziehungsvorstellungen und das Erziehungsverhalten von ca. 700 Familien (gestreut nach sozialer Schicht) verfolgt. Offene, sehr ins Konkrete gehenden Interviews mit Eltern (überwiegend mit Müttern) als die Kinder jeweils 1, 4, 7, 11 und 16 Jahre alt waren, zuletzt auch Interviews mit den 16-jährigen Kindern selber, und differenzierte Analysen ergaben ein reichhaltiges Material, das in einer Serie von Büchern ausgewertet worden ist. 1978 faßten die Newsons die Ergebnisse ihrer Untersuchung hinsichtlich geschlechtsspezifischer Erziehung zusammen (*Newson* u.a. 1978).

Unterschiedliche Beschäftigungen und Spiele von Mädchen und Jungen waren mit 7 Jahren bemerkbar, mit 11 waren die Unterschiede noch ausgeprägter. In den Interviews zeigen die Mütter ein deutliches Bewußtsein der herkömmlichen Rollen und fühlen sich offensichtlich wohler, wenn die Kinder entsprechende Neigungen zeigen. Jedoch auch geschlechtsuntypische oder rollenwidrige Vorlieben (z.b. ein Sohn, der für sein Leben gerne strickt oder stickt, eine Tochter, die auf Fußball versessen ist) werden von Müttern unterstützt und gegen die kulturellen Normen verteidigt. Diese Neigungen werden als Ausdruck der spezifischen Individualität dieses Kindes und als solche als berechtigt betrachtet. In ihrer Auswertung der Interviews für die Altersstufe 7 Jahre betonen die Newsons, daß Eltern in hohem Maße pragmatisch auf das Verhalten des jeweiligen Kindes reagieren. Es gibt zwar eine Tendenz, Söhne eher als Töchter als „besonders schwierig zu erziehen" anzusehen, vor allem in der oberen sozialen Schicht, und Söhne werden in allen Schichten häufiger als aggressiv beschrieben (*Newson/Newson* 1976, S. 379, 393). Söhne werden häufiger geschlagen (S. 307) und insbesondere eher mit einem Gegenstand geschlagen oder bedroht (S. 324-25) als Töchter. Jedoch unterscheiden sich die Anlässe für Bestrafungen nicht nach Geschlecht: Frechheit, Kraftausdrücke u.ä. werden etwa gleich häufig bei Mädchen wie bei Jungen als Anlaß genannt. „Gossensprache" wird allerdings von Mittel- und Oberschichtmädchen deutlich seltener aufgeschnappt und entsprechend seltener zum Anlaß für Strafe (*Newson/Newson* 1976, S. 322, S. 366-70).

Der Erziehungsauftrag der Familie ist, so die Newsons, im Kern ambivalent. Langfristig haben die Eltern die sozialen Normen zu vermitteln, gleichzeitig und gewissermaßen im Austausch dafür schaffen sie einen Raum, in dem diese Normen ausgesetzt oder in der Schwebe gehalten werden. Entsprechend der Ambivalenz ihrer Aufgabe fordern Mütter vielfach vor allem von den Kindern, daß sie in der Öffentlichkeit sich „anständig" verhalten: der Trotzanfall, die Nuckelflasche sind zu Haus problemlos zugestanden, sollen aber außerhalb nicht mehr erscheinen. Dem entsprechend sind nun die siebenjährigen Jungen meist so weit, ihrerseits nicht mehr zuzulassen, daß die Mutter sie in der Öffentlichkeit küßt oder mit ihnen schmust — zuhause ist die Anschmiegsamkeit keineswegs geschlechtstypisch verteilt. Bei aller Unterschiedlichkeit sind die allermeisten Mütter in dieser Ambivalenz eingespannt: Selbst die liberalsten sind sich der Normen bewußt; und einige Mütter berichten, daß das Kind von Gleichaltrigen wegen seiner, der Geschlechtsrolle widersprechenden Neigungen gnadenlos aufgezogen wird. Selbst relativ traditionell denkende Mütter fühlen sich dafür verantwortlich, das Recht des Kindes auf die eigene Persönlichkeit zu verteidigen, auch wenn dies Abweichungen von der Geschlechtsrolle beinhaltet. Verlangt wird — wie bei den guten Manieren oder dem Aufgeben von Babysachen — vielmehr Einsicht in die Tatsache, daß die Normen „draußen" gelten, und realitätsgemäße Beachtung in öffentlichen Räumen. (*Newson/Newson* 1976, S. 402-5). Allerdings sind es oft die Kinder, die zuerst auf die Notwendigkeit der Beachtung geschlechtsspezifischer Normen außerhalb der Familie hinweisen.

Auch die Forschung in den USA neigt in den letzten zehn Jahren zunehmend zu der Einschätzung, daß Mütter sich eher nach der wahrgenommenen individuellen Eigenart ihres Kindes richten. Mütter geben z. B. ihrem Sohn ebenso viel Lob und Zuwendung, wenn er mit „Mädchenspielsachen" spielt (*Langlois/Downs* 1980); ganz allgemein werden kaum Unterschiede berichtet, wenn die tatsächliche Interaktion zwischen Mutter und Kind beobachtet wurde. Immer wieder ist allerdings zu lesen, daß Väter deutlicher und auch absichtsvoller auf geschlechtstypisches Verhalten dringen. Das fängt schon bei den Erwartungen an das Neugeborene an (*Rubin* u.a. 1974, *Seavey* u.a. 1975), geht über die bewußt geäußerten Erziehungsziele bis hin zu der tatsächlichen Interaktion (*Segal* 1981, *Langlois/Downs* 1980, *Fagot* 1974, *Tauber* 1979). Obwohl es sich hierbei um kleine Stichproben handelt und vor allem Väter wenig verfügbar zu sein scheinen (bzw. die Forscher wenig in der Lage oder interessiert sind, ihre Untersuchungszeiten so einzurichten, daß das Verhalten von Vätern und berufstätigen Müttern einbezogen werden könnte), ist doch beeindruckend, wie oft dieselbe Tendenz aufscheint. Väter nannten doppelt so viele Verhaltensweisen als geschlechtstypisch angemessen wie Mütter (*Fagot* 1974, S. 556-57); Väter gaben den Söhnen doppelt so viel Zuwendung wie den Töchtern, während Mütter beiden gleich viel Zuwendung gaben (*Margolin/Patterson* 1975; Mütter gaben den Söhnen sogar mehr Lob und Zuwendung für ihr Spiel mit „Mädchenspielsachen", während Väter dies stark sanktionierten, hingegen die Söhne darin bestärkten, mit Soldaten, Cowboykostüm oder Autos zu spielen (*Langlois/Downs* 1980). Da die Beteiligung der Väter an der Kindererziehung überwiegend als „Hilfe" begriffen wird, die die Mutter bei ihrer selbstverständlichen Dauerverantwortung zeitweise entlastet, spielt bei den Vätern das Lustprinzip eine weitaus größere Rolle. Spiele, auf die der Vater sich begeistert einlassen kann und mag, sind zugleich für das Kind Chancen, seine ungeteilte Aufmerksamkeit zu erhalten. Die Spielvorlieben der Hauptbezugsperson, deren Aufmerksamkeit eher vorausgesetzt werden kann, haben demgegenüber kein solches Gewicht. Die Vermutung liegt nahe, daß die stärker geschlechtsspezifischen Erwartungen der Väter eine weitaus größere emotionale Bedeutung für das Kind haben können als die eher gleichmäßig dem Individuum gerecht werdende Zuwendung der Mütter. Wir wissen jedenfalls wenig über massive, eingreifende Unterschiede in der alltäglichen Behandlung von Töchtern und von Söhnen durch die Mütter.

In ihrem Versuch, die geschlechtsspezifischen Erziehungsvorgänge in der Familie zu erkennen, heben die Newsons vor allem den Faktor der *Beaufsichtigung* hervor. Die unterschiedliche Behandlung von Mädchen und Jungen wird bewußt durch die mehr oder weniger starke Sorge um Gefahren des sexuellen Mißbrauchs motiviert bzw. gerechtfertigt. Mädchen werden allgemein dazu angehalten, in der Nähe der Wohnung zu bleiben, sich nur dort frei zu bewegen, wo verantwortliche Erwachsene einen Überblick über das Geschehen haben. Viel häufiger als Jungen dürfen elfjährige Mädchen nur dann aus der Wohnung gehen, wenn sie genau Bescheid sagen, wohin sie gehen. Wesentlich mehr siebenjährige Jungen als Mädchen spielen häufig und mit Vorliebe draußen, dürfen in der Nachbarschaft umherstreifen und sind oft nicht zu finden, wenn man sie haben will (*Newson* u.a. 1978, S. 33-34). In vielen Familien bedeutet aber das Spiel zu Hause eben auch ein Spiel in gemeinschaftlich genutzten Räumen, nicht im eigenen, abgeschlossenen Kinderzimmer — vor allem in den unteren sozialen Schichten (*Newson/Newson* 1976, S. 133ff.). Kinder, die mehr zuhause sind und eher drinnen als draußen spielen, geraten ganz unbeabsichtigt stärker unter Druck der normativen Erwartungen der Erwachsenen. Die Mütter mögen gleiche Erziehungsziele, gleiche Grundsätze und Maßstäbe für die Söhne und die Töchter hegen. Aber das Kind, das sie den ganzen Tag um sich haben, wird in ungleich größerem Ausmaß diesen Normen ausgesetzt als das Kind, das schon mit sieben Jahren eigentlich nur zum Essen und zum Schlafen nach Hause kommt. Indirekt werden Söhne so dazu ermutigt, sich den Vorschriften und Erwartungen der Mütter zu entziehen. Je mehr sie entdecken, daß diese Möglichkeit für sie besteht, desto eher machen sie vermutlich davon Gebrauch.

Der Faktor „Beaufsichtigung" dürfte weitreichende Folgen haben. Er ist nicht ohne weiteres einem Bestreben gleichzusetzen, ein bestimmtes Mädchenbild durchzusetzen, denn die empirischen Untersuchungen, die Maccoby/Jacklin gesichtet haben, stellen, ebenso wie die Newsons, bis zum Alter von 5 Jahren keine unterschiedliche Behandlung von Mädchen und Jungen fest (*Maccoby/Jacklin* 1974, S. 316-19). Einschränkungen der Eigenständigkeit werden nicht geschlechtsspezifisch unterschiedlich gehandhabt. Erst wenn die Kinder in der Schule sind, längere Wege eventuell allein gehen, und wenn auch der sexuelle Mißbrauch durch Fremde vorstellbar geworden ist, weil die Tochter als Schülerin, nicht als Kleinkind empfunden wird, setzt diese Unterscheidung ein. Sie ist wohl am ehesten zu deuten als ein Versuch, den für Kinder generell erwünschten Schutz unter den für Mädchen objektiv ungünstigeren Bedingungen zu gewährleisten.

Dagegen ist zwar einzuwenden, daß die sexuelle Bedrohung für Mädchen objektiv im familiären Raum am größten ist: Mädchen werden faktisch am häufigsten durch Väter, Onkel, Freunde der Familie mißbraucht, mehr als durch Fremde (*Rush* 1982). Dies bedeutet aber nicht, daß Mädchen auf der Straße sicher wären, sondern eher, daß sie nirgendwo sicher sind. Aus der Sicht der Eltern erscheint Beaufsichtigung als wirksamer Schutz, weil niemand sich konkret vorstellen will, daß Inzest und Mißbrauch in dem eigenen Bekanntenkreis droht. Neben der Einschränkung von Erfahrungschancen und der ständigen Präsenz der Kontrolle von Erwachsenen teilt Beaufsichtigung den Mädchen stumm mit, daß die „Welt draußen" von diffuser Gefährlichkeit ist. Dieser Aspekt von Erziehung muß nicht einmal als Einschränkung oder Verbot in Erscheinung treten; nur bleibt eine altersgemäße Weiterentwicklung des Zutrauens zu sich aus. Welche Rolle die Eltern spielen, ist nicht ganz klar: die allmählich gewagteren Streifzüge der Jungen in der Umgebung entwickeln sich durch eine schwer faßbare Mischung von Gelegenheit, Anfeuern durch Gleichaltrige, und Beeinflussung durch ältere Jungen.

Der weiterreichende Aktionsradius der Jungen ist eng verzahnt mit einer stärkeren Tendenz, mit Gleichaltrigen (oder auch: in gleichgeschlechtlichen Gruppen gemischten Alters!) zu spielen, und mit einer stärkeren Beeinflussung durch andere Kinder relativ zu dem Einfluß der Erwachsenen. *Tieger* (1980) wirft die Frage auf, inwiefern die Beobachtungen häufigeren aggressiven Verhaltens eine Folge davon sind, daß Jungen insgesamt häufiger in Interaktionen aller Art mit Gleichaltrigen beobachtet werden. *Lott* (1981) berichtet aus ihren Beobachtungen in zwei Kindergärten in Neuseeland, daß ausgeprägte Unterschiede im Verhalten von Mädchen und Jungen vor allem entlang der Dimension der Interaktion mit Gleichaltrigen zu beobachten waren: Jungen haben deutlich häufiger mit anderen Kindern gespielt, auch kooperatives Verhalten war ausgeprägter; und sie spielten mehr draußen und nutzten ein breiteres Spektrum der Spielbereiche; Mädchen hielten sich häufiger in der Nähe von Erwachsenen auf, spielten häufiger allein oder schauten nur zu, und spielten mehr drinnen.

Es ist wichtig hier zu betonen, daß die Beaufsichtigung nicht zur Folge hat, daß Mädchen „angepaßter" sind. Weder sind sie besonders rücksichtsvoll, einfühlsam und hilfsbereit, noch streiten sie sich weniger, noch gehen sie aktive Spiele oder Hindernisse weniger energisch an (*Lott* 1981, S. 35-52, *Maccoby*/*Jacklin* 1974, S. 349ff.). Es ist aber anzunehmen, daß die kontinuierliche Aufsicht die Bildung stabiler Gruppenzusammenhänge unter den Mädchen verhindert, da in den jeweiligen Wohnungen selten mehr als ein oder zwei Kinder zu Besuch kommen können, der Weg nach außerhalb jedoch eher im Kontext zielbezogener Gruppen (Turnverein, etc.) steht. Selbst am Spielplatz und in der Kindertagesstätte übernimmt die Gruppe für die Mädchen im Grundschulalter nie die Funktion, eine Alternative zur Kontrolle der Erwachsenen zu bieten. Obwohl Unterschiede in der Gruppenbildung von Mädchen und Jungen oft empirisch beobachtet worden sind, wurde selten dieser gravierende Unterschied in den realen Möglichkeiten der jeweiligen Geschlechtgruppe bemerkt. Individuelle Unterschiede im Erziehungsstil der Eltern oder in der Persönlichkeit der Mädchen können nicht zum Tragen kommen, wenn es draußen in der Nachbarschaft keine frei sich herumtreibende Gruppe gibt, der sich das einzelne Mädchen anschließen kann.[5] Die beaufsichtigte und zielorientierte Gruppe kann nicht die gleiche emotionale Bedeutung erlangen und keine vergleichbare Ablösung vom beschützten Kleinkindstatus bieten. Die Bedeutung des Fehlens eigenständiger Gruppen wird im 3. Kapitel (5. Abschnitt) geschildert.

Da wir schon wissen, daß die Durchschnittswerte für aggressives Verhalten im allgemeinen für Jungen höher sind als für Mädchen, wäre es wichtig einzuschätzen, inwiefern unterschiedliches Erziehungsverhalten damit im Zusammenhang steht. Nicht allzuviel der vorliegenden Forschung ist differenziert genug angelegt, um hier weiterzuhelfen. *Newson/Newson* (1976, S. 388ff.) verbinden die Antworten auf mehrere Fragen zu einem Index für Aggressivität der (siebenjährigen) Kinder und zeigen auf, daß es sowohl nach Geschlecht wie nach sozialer Schicht deutliche Unterschiede gibt. Der Anteil der Jungen aus Mittel- und Oberschichtfamilien, die als „sehr aggressiv" oder „wenig aggressiv" eingestuft werden, stimmt in etwa mit dem Anteil der Mädchen aus Arbeiterfamilien mit diesen Indexwerten überein. Nicht alle Einzelwerte sind im Text aufgeführt, doch vermerken Newson/Newson, daß die Angaben der Eltern über Wutausbrüche von Töchtern und Söhnen *nicht* unterschiedlich sind. Deutlich sind hingegen Unterschiede in der Destruktivität (Zerstörung von Gegenständen); die Antworten über Prügeleien mit anderen Kindern fehlen, haben vermutlich auch zu dem Unterschied im gesamten Index beigetragen. Diese Angaben weisen in die Richtung, daß die aggressiven Impulse ähnlich, jedoch bestimmte Formen, sie auszuleben, unterschiedlich sind. Die Interaktion von Schicht und Geschlecht macht deutlich, daß es sich um gelerntes Verhalten handelt. Die Newsons prüften mögliche Beziehungen und fanden, unabhängig von der sozialen Schicht, daß diejenigen Kinder hohe Aggressivität aufweisen, deren Mütter überhaupt das Prinzip der Strafe für erzieherisch wirksam halten und insbesondere Schläge als Mittel häufiger einsetzen.

Die Entstehung dieser Verhaltensweisen in der Erziehung ist wenig erforscht. Eine Untersuchung von Minton et al. analysierte die Reaktionsketten, in denen verschiedene Formen der Disziplinierung von Zweijährigen durch ihre Mütter zustandekommen. Sie beschrieben eine „Eskalierung": zunächst wird eine Aufforderung, ein Verbot o.ä. ausgesprochen. Wenn das Kind sich dem fügt, endet die Kette. Wenn nicht, greift die Mutter zu stärkeren Mitteln: sie wird laut oder heftig, entfernt den Gegenstand oder das Kind, oder (dies war relativ selten) schlägt das Kind. In dieser Studie wie in anderen mit Kindern der Altersstufe 2 bis 5 waren Mädchen deutlich häufiger bereit, sich der ersten Anweisung zu fügen. Minton et al. beobachteten zudem noch, daß die Vorgeschichte der Eltern-Kind-Interaktionen auf den Verlauf im Einzelfall einen Einfluß hat: Wenn das Kind beim vorigen Anlaß sich nicht bereitwillig gefügt hatte, sondern erst durch schärfere Mittel dazu gebracht wurde, war beim nächsten Anlaß die Mutter eher geneigt, gleich zur zweiten Stufe der Durchsetzung überzugehen (*Maccoby/Jacklin* 1974, S. 332-34). Auch *Newson/Newson* (1976) finden, daß Widerstand vom Kind in vielfältigen Formen das Schlagen auslöst. Es wäre vorstellbar, daß eine Geschichte der Eskalierung von Konflikten dazu beiträgt, daß Schläge häufiger werden. Damit soll nicht gesagt werden, daß das Kind selbst schuld daran sei, wenn es geschlagen wird, sondern daß die Dynamik der Mutter-Sohn-Beziehung eine latente Bereitschaft, notfalls durch Schläge den Gehorsam des Kindes zu erreichen, häufiger und stärker hervorruft. Die Newsons fanden keine Unterschiede nach sozialer Schicht oder nach Geschlecht des Kindes in den grundsätzlichen Einstellungen der Mütter zum Schlagen (*Newson/Newson* 1976, S. 309); es kann also durchaus sein, daß die Maßstäbe für Disziplinierung im Prinzip gleich sind. Dennoch zeigen ihre eigenen Ergebnisse sowie die von Maccoby und Jacklin gesichteten

Untersuchungen über körperliche Züchtigung, daß Jungen eindeutig mehr geschlagen werden als Mädchen. Aus den unterschiedlichen Mittelwerten für aggressives Verhalten bei Jungen und Mädchen folgt noch nicht, daß alle Jungen einen relativ höheren Aggressionspegel als Mädchen hätten. Im Gegenteil: selbst Maccoby und Jacklin, die zur biologischen Erklärung neigen, vermuten eher, daß eine Minderheit von männlichen Kindern extrem aggressives Verhalten aufweist und dadurch den Durchschnitt nach oben versetzt (*Maccoby/Jacklin* 1980, S. 967). Neben der Tatsache, daß doppelt so viele Jungen wie Mädchen mindestens einmal täglich geschlagen werden (*Newson/Newson* 1976, S. 308), wäre hier die Auswirkung von miterlebter Mißhandlung der Mütter zu berücksichtigen. Aus der systematischen Beobachtung des Zusammenlebens im Frauenhaus wissen wir, daß das Erlebte – männliche Gewalt gegen die Mutter, die lange Zeit fortgesetzt wurde ohne daß irgend jemand dagegen einschreitet – geschlechtsspezifische Auswirkungen auf Mädchen und Jungen hat (*Hagemann-White, Kavemann* u.a. 1981). Ein Teil der Söhne übernimmt die gewalttätige Durchsetzungsart und wendet sie gegen andere Kinder an, verarbeitet die zunächst traumatisch beängstigenden Erfahrungen durch allgemeine Aggressivität. Ein Teil der Mädchen wird nachhaltig eingeschüchtert. Kinder mit dieser Art familiärer Erfahrungen gibt es in jeder Schulklasse und in jedem Kindergarten; sie sind sicherlich unter den Stichproben vorhanden, die in solchen Einrichtungen beobachtet werden. Möglicherweise stammt ein nicht unerheblicher Teil der gehäuften aggressiven Handlungen männlicher Kinder von Jungen mit einem solchen Hintergrund. Die Überprüfung ist schwierig, denn aus der Frauenhausforschung wissen wir außerdem, daß mißhandelnde Männer ihr Familienleben massiv abschirmen und die Frau weitestgehend isolieren. Es scheint sehr unwahrscheinlich, daß Mütter aus solchen Situationen überhaupt die Freiheit hätten, sich an Untersuchungen der Mutter-Kind-Interaktion zu beteiligen; bei den repräsentativen Erhebungen werden sie überproportional unter den „Verweigerern" sein.

Grundsätzlich werden die Forschungsfragestellungen davon abhängen, wie der Tatbestand relativ häufigerer männlicher Aggressivität *bewertet* wird. Bewertet man hohe Aggressivität als ein Stück rohe Natur, deren Bändigung eine nicht immer ganz gelingende Zivilisationsleistung wäre, betrachtet man sie sogar als die eigentliche Quelle alles schaffenden Herangehens an die Welt (*Rudolph* 1980, S. 187-88), so wird man dazu neigen, das Mehr an (feindseliger) Aggressivität bei männlichen Kindern ebenfalls als Naturtatsache und damit als Gegegenheit hinzunehmen. Bewertet man hingegen hohe Aggressivität – und damit ist hier gemeint, die Bereitschaft, anzugreifen und zu verletzen – als eine Störung, als Zeichen mißlungener Grundsozialisation, so wird man nach den Bedingungen forschen wollen, die solches Verhalten möglich machen. Man wird danach fragen, ob diese Bedingungen häufiger für männliche Kinder, oder für bestimmte männliche Kinder eintreten. Nicht wenige Autoren zeigen eine gewisse Ehrfurcht vor männlicher Aggressivität, was sich u.a. in der mangelnden Differenzierung der Verhaltensweisen zeigt, die sie darunter subsummieren.

In einer Untersuchung von *Seegmiller/Dunivant* (1981) mit 3-, 4- und 5jährigen Kindern wird aggressives Verhalten wie folgt definiert: das Kind grabscht, nimmt weg, schlägt; gehorcht nicht; boxt, tritt; ärgert, schimpft, kritisiert; holt einflußreiche Erwachsene zur Einmischung herbei; behauptet sich, führt andere an; brüllt an; gibt Anleitung; spielt Mann im Rollenspiel (!). Zum „abhängigen Verhalten" gehört, neben *jeder* Suche nach Nähe oder Kontakt: Hilfesuche, Gehorsam u. a. und auch die Übernahme der Rolle „Frau" oder „Kind" im Rollenspiel. Da kann es nun kaum verwundern, daß Jungen in dieser Untersuchung weit häufiger „aggressives Verhalten" aufweisen als Mädchen. Im Klartext: Wenn beim „Vater-Mutter-Kind"-Spiel ein Junge den Vater und ein Mädchen die Mutter spielen, haben sie nach Ansicht dieser Forschung allein schon damit sich jeweils aggressiv und abhängig verhalten! Solche Forschung sagt mitunter mehr über die Rollenstereotypen der Forscher als über die der Kinder aus.

Die im ersten Kapitel hier zusammengefaßten Forschungsergebnisse haben uns zu der Erkenntnis geführt, daß ein dem Rollenstereotyp entsprechendes Verhalten nicht so regelmäßig oder durchgängig vorkommt, daß es in der empirischen Beobachtung in der Form verläßlicher Merkmale von weiblichen und männlichen Individuen erscheint. Geschlechtstypisches Verhalten wäre demnach situationsspezifisch steuerbar, nicht zwanghaft verwurzelt. Es wäre daher sinnvoll, die extremen Ausprägungen zu erforschen, die nicht mehr realitätsgesteuert sind, sondern generell „durchschlagen". Unter welchen Bedingungen werden Menschen besonders passiv oder aggressiv, ängstlich oder dominant; wann wird die Sprachentwicklung oder das räumliche Vorstellungsvermögen gehemmt oder behindert? Die Aufdeckung solcher Zusammenhänge könnte klären helfen, ob die Bedingungen für solche Extreme häufig bei einem Geschlecht vorkommen, und ob eventuell die Mittelwertdifferenzen daraus abzuleiten sind.

Für den Bereich des aggressiven Verhaltens haben Blurton-Jones u. a. eine entsprechende Forschung begonnen. Sie unterscheiden sehr genau zwischen Verhalten mit Verletzungsabsicht (Schlagen, Beißen, Wegzerren eines Spielzeugs) und spielerischem Raufen. Im Rahmen einer Langzeitstudie werden 1- bis 3-jährige Kinder jeweils im Spiel mit einem Gleichaltrigen gleichen Geschlechts aus demselben Kindergarten beobachtet, wobei die Mütter (zu viert am Kaffeetisch) anwesend sind. Motiviert war die Studie durch den allgemeinen Eindruck, daß diejenigen Kinder, die besonders häufig andere Kinder angreifen, eine besondere, typische Art des körperlichen Kontakts mit der Mutter zu haben scheinen. Diese und eine Reihe anderer Annahmen wurden bei den ersten Auswertungen überprüft. Bislang hat sich nur die Annahme bestätigt, daß diese Kinder seltener als andere auf den Arm genommen bzw. durch Körperkontakt getröstet wurden, wenn sie weinten oder Nähe suchten (*Blurton-Jones* u.a. 1979). Auch hier ist schwer festzustellen, ob diese Mütter dem Körperkontakt zum Kind abgeneigt waren, oder ob sie davon Abstand genommen hatten, nachdem es ihnen immer wieder nicht gelungen war, das Kind dadurch zu beruhigen.

Zu den wenigen Untersuchungen, die eine unterschiedliche Behandlung von Mädchen und Jungen durch Mütter zu belegen beanspruchen, zählen die von *Lewis/Weinraub* (1974, 1979), die gerade in dem Umgang mit Körperkontakt Unterschiede sehen. Das Hauptziel ihrer Forschung ist allerdings der Nachweis eines allgemeinen Entwicklungsgesetzes. Sie meinen, eine Stufenleiter in der psychischen Entwicklung zu erkennen, die von dem unmittelbaren Körperkontakt zwischen Pflegeperson und Säugling, über körperliche Nähe, bis hin zum bloßen Blickkontakt geht; noch später kann die bloße Vorstellungskraft, an jemanden zu denken, ausreichen, um sich der Beziehung zu vergewissern. Lewis und Weinraub beobachteten nun, daß Jungen am Lebensanfang durchschnittlich etwas mehr Körperkontakt bei der Pflege erhielten; ab dem Alter von sechs Monaten wurde dies hingegen weniger im Vergleich zu den Mädchen. Die Grundannahme dieser Erhebung, die durch die Daten auch belegt wird, besagt, daß das eine auf dem anderen aufbaut. Daß heißt: Wenn das Bedürfnis nach Körperkontakt im ersten Lebensjahr „ausreichend" gelebt werden darf und befriedigt wird, wird das Kind mit zwei Jahren weniger Nähe benötigen und mehr Blickkontakt suchen, wird sich also von dem Bedürfnis nach Körperkontakt besser lösen können. Es gibt jedoch kein absolutes Maß für die Menge des Körperkontakts, die ein Kind benötigt; der Vergleich ist vor allem innerhalb der Entwicklung eines Kindes sinnvoll.

Auch der zeitliche Ablauf dieser Entwicklung ist weder von Kind zu Kind, noch über verschiedene Kulturen standardisierbar. Generell finden Lewis und Weinraub, daß Mädchen mit zwei Jahren den Körperkontakt zur Mutter nicht aufgegeben oder im gleichen Maß wie die Jungen eingeschränkt haben. Dies belegt allerdings nicht eine Eigenschaft, etwa „Abhängigkeit", denn diese Mädchen zeigten gegenüber ihren Vätern ganz ähnliches Verhalten wie die Jungen: Wenn sie mit einem Jahr viel Nähe und Kontakt hatten, hatten sie mit zwei Jahren weniger Nähe und mehr Blickkontakt. Mir scheint die Interpretation von *Scheu* (1977, S. 67) verfehlt, daß die Mütter den entwicklungspsychologischen Erfordernissen der Söhne altersgemäß entsprächen, während sie im Umgang mit Mädchen genau entgegen den Entwicklungserfordernissen handelten. Das Tabu körperlicher Kontakte – in der Kultur der USA weit stärker als in Deutschland[6] – und die Ideologie, daß Kinder, vor allem Söhne, möglichst schnell unabhängig werden sollten, führen eher zu einer Abweisung von entwicklungspsychologisch benötigter Nähe. Zwei Jahre ist ein recht früher Zeitpunkt, um die Überwindung des Wunsches nach Körpernähe zu verlangen. Die Daten von *Blurton-Jones* (1979) weisen eher dahin, daß in dieser Hinsicht überforderte Kinder auffallend aggressiv werden. Die Norm, Jungen möglichst früh die Suche nach Nähe und Körperkontakt abzugewöhnen, führt vermutlich bei einem Teil der Jungen und bei rigider Anwendung zu der Häufung männlicher Aggressionshandlungen, die aus der Kinderbeobachtung mitgeteilt wird.

Diese Norm wird für Mädchen nicht geltend gemacht, ihre Nähe zur Mutter nicht sanktioniert. Das kann bedeuten, daß das Mädchen mehr Freiheit hat, selbst den Zeitpunkt der Ablösung zu finden, und es kann umgekehrt bedeuten, daß die Tochter stärker für das Bedürfnis der Mutter nach Körperkontakt funktionalisiert wird. Die Erfahrung spricht dafür, daß beides vorkommt.

Die Ergebnisse von Lewis und Weinraub sind nicht in dem Sinne verallgemeinerbar, daß wir sagen könnten: Mädchen werden so, Jungen so erzogen. Sie selbst deuten die beobachteten Vorgänge als kognitive Sozialisation (*Lewis/Weinraub* 1979); das heißt, daß es sich um Deutungsangebote an das Kind für dessen jeweilige Reaktionen und Erfahrungen handelt. Zu folgern wäre auch, daß der Umgang mit dem Bedürfnis nach Nähe durch geschlechtsspezifische Normen beeinflußt wird. Wenn diese Normen stärker durchschlagen als die Signale des jeweiligen Kindes für seine konkreten Bedürfnisse, sind Schäden zu befürchten, die bei Jungen am ehesten in Richtung auf gesteigerte Aggressivität, bei Mädchen in Richtung auf gesteigerte Abhängigkeit ausschlagen. Es ist aber nicht zu belegen und wahrscheinlich nicht zutreffend, daß Mädchen und Jungen mehrheitlich in diesem Sinne zugerichtet werden; d. h. diese Hinweise können kaum erklären, warum die übergroße Mehrheit Geschlechterrollen annimmt.

Die bis hier dargestellten Forschungsergebnisse über unterschiedliches Erziehungsverhalten gegenüber Mädchen und Jungen innerhalb der Familie lassen sich im wesentlichen in drei Aussagen zusammenfassen, die als empirisch belegt gelten können:

1. Die befragten oder beobachteten Väter neigten vielfach dazu, auf Anpassung an die Geschlechterstereotypen zu drängen; bei Müttern ist dies kaum nachweisbar. Wir wissen allerdings nicht, ob bei stärker verantwortlicher Beteiligung an der Kindererziehung Väter sich dann eher wie Mütter verhalten.

2. Mädchen werden aus einer besonderen (gegenüber dem kleineren Kind meist nicht ausgesprochenen) Angst um ihre körperliche und sexuelle Unversehrtheit weit stärker unter Aufsicht von Erwachsenen gehalten. Dies scheint zur Folge zu haben, daß Mädchen intensiver den Normen ausgesetzt sind, weniger Chancen haben, Gleichaltrige als Gefährtinnen für eigenständige Wege zu erleben, und eine diffuse Gefährlichkeit der „Welt draußen" vermittelt bekommen, die ihre Entdeckungslust hemmt.

3. Hohe Aggressivität von Kindern scheint in einem Zusammenhang (möglicherweise eher Teufelskreis als Verursachungskette) mit spezifischen Interaktionsformen mit der Mutter zu stehen. Diese Interaktionsformen — Strafe, Schläge und nur zögerndes Angebot von Körpernähe/kontakt als Trost — sind auch Jungen gegenüber häufiger als Mädchen. Denkbar wäre ein Zusammenhang mit dem 1. Ergebnis, worin Väter aus Sorge um die Männlichkeit ihres Sohnes (oder aus Angst vor Homosexualität) „weichere" Umgangsweisen unterbinden.

Nun gilt es allerdings zu berücksichtigen, daß die Familie kein luftdicht abgeschlossener Raum ist. Familiäre Erziehung läßt sich nicht auf das beobachtbare Verhalten von Müttern und Vätern reduzieren. In den meisten Familien findet zweifellos eine stete Berieselung mit Bildern und Erwartungen über die wesenhafte Differenz der Geschlechter statt. Lob und Bestätigung für Verhalten, das der Norm entspricht, gehören innerhalb wie außerhalb der Familie zum Alltag. *Constantinople* (1979, S. 130-31) unterstreicht, daß diese Reaktionen derart flüchtig und selbstverständlich sind, daß Eltern (und Pädagogen) außerstande sind, sie an sich selbst zu bemerken und sie mitzuteilen. Auch wenn dies berücksichtigt wird, ist zu vermuten, daß der Einfluß der Eltern in den gängigen Theorien überschätzt wurde. Heftige Debatten in pädagogischen Zeitschriften — etwa zur Frage des richtigen Umgangs mit dem Wunsch des Sohnes nach einer Spielzeugpistole — legen Zeugnis davon ab, daß Mädchen und Jungen schon im frühen Vorschulalter ihre Eltern mit Vorlieben und Wunschvorstellungen konfrontieren, die den Normen der umgebenden Gesellschaft entspringen. Es ist keineswegs sicher, daß elterliche Erziehungsmaßnahmen die Annahme der Geschlechtsrolle bzw. der altersentsprechenden Requisiten unmittelbar beeinflussen können. Selbst ein strenges Verbot von „Jungenspielen" für die Tochter führt nicht ursächlich dazu, daß das Mädchen gerne mit Puppen spielt.

Zu den Einflüssen, die in die Familie hineinreichen, ohne auf sie reduzierbar zu sein, gehört die geschlechtsspezifische Verteilung von Spielsachen. Sie ist in den ersten zwei Lebensjahren noch nicht ausgeprägt (*Maccoby/Jacklin* 1974, S. 327; *Stacey* u.a. 1974, S. 123). Unterschiedliche Farben, die Gestalten bei Mobiles und Stofftieren mögen für die Eltern selbst unterschiedliche Erwartungen symbolisieren; ein spürbarer realer Einfluß auf die Kinder ist kaum vorstellbar. Das Miniauto wird im zweiten Lebensjahr gleichermaßen von Mädchen wie von Jungen in seinen Eigenschaften als beliebig verfügbare Miniatur begeistert aufgegriffen; die Bedeutung als spezifischer Träger von Bewegungs-, Macht- und Entdeckungsphantasien und damit das geschlechtstypisch unterschiedliche Interesse an ihnen scheinen erst später zu entstehen. Amerikanische Untersuchungen belegen eine nach Geschlecht unterschiedliche Spielzeugausstattung vom 3. Lebensjahr an; Jungen haben demnach sowohl mehr als auch breiter gefächertes Spielzeug als Mädchen. Dieser Bereich ist wenig erforscht, und die Forschung leidet vor allem an der Neigung, Spielsachen altersunabhängig als mädchen- oder jungentypisch festzulegen, meist durch Befragung von Erwachsenen (so z. B. *Eisenberg-Berg* et al. 1979). Eine Untersuchung, bei der 3- bis 5-jährige Kinder sowohl nach der eigenen Auffassung, wie auch nach deren Einschätzung des Verhaltens von Erwachsenen gefragt wurden, zeigte da eine deutliche Differenz. Anhand einer Bildergeschichte, die einen Konflikt um ein Spielzeug zeigte, äußerten die dreijährigen Mädchen und Jungen die Erwartung, daß das Kind ihres eigenen Geschlechts das umstrittene Spielzeug bekommen würde und sollte, unabhängig von der Art des Spielzeugs. Von drei bis fünf nahm die Einschätzung zu, daß die Erwachsenen im Streitfall eine traditionell geschlechtstypische Lösung vornehmen würden — aber die eigene Lösung war dies oft nicht. Etwa 60 % der vierjährigen Mädchen erwarteten, daß Erwachsene das „Jungenspielzeug" dem Jungen geben würden, hätten es selbst aber dem Mädchen gegeben (*Muller/Goldberg* 1980). Dies spricht dafür, daß Kinder etwa im 4. Lebensjahr die Erfahrung machen, daß Spielsachen nach Geschlecht verteilt werden. Bis zu diesem Alter sind sie allerdings auch in der Lage, das Spielwarenangebot der Geschäfte und des Inventars anderer Kinder einzuschätzen. In dem Maße, wie der Kauf von Spielsachen von dem ausdrücklichen Wunsch des Kindes beeinflußt wird, wirken so die Bewertungen der Umwelt deutlich in die Familie hinein. Und daß die Eltern im Konfliktfall den Lastwagen dem Bruder geben würden, bedeutet noch lange nicht, daß das Mädchen nie damit spielt.

Der Bereich der Spielsachen ist durch die ungeheure Ausweitung des Marktes sowie des Besitzstandes der meisten Kinder auch in knappen ökonomischen Verhältnissen komplexer geworden. Einerseits spielen Kinder heute nicht mehr „einfach" Schaffner, Post oder Krankenhaus (obwohl sie dies auch tun), sondern wünschen sich ein Schaffnerspiel, eine Kinderpost, einen Arztkoffer. Andererseits wird Spielzeug umfunktioniert: das Mixgerät als Pistole, die Barbie-Puppe als Wurfgeschoß genutzt. Es ist wahrscheinlich, daß die Werbung, die ja stark geschlechtsspezifisch ausgerichtet ist, den Wunsch nach bestimmten, besonders teuren Spielsachen beeinflußt; mit dem aufwendigen Geschenk wird aber nicht immer entsprechend ausgiebig gespielt.

Nach einer amerikanischen Untersuchung hatten Jungen und Mädchen zwar gleich viele Weihnachtsgeschenke erhalten; doch die Geschenke der Jungen waren zu 73 % Spielsachen gewesen, die der Mädchen nur zu 57 % (sie erhielten auch Schmuck, Kleidung, Möbel). Kaufhausbeobachtungen ergaben, daß Spielwaren von wissenschaftlichem oder technischem Erkenntniswert ausschließlich für Jungen gekauft wurden (*Stacey* u.a. 1974, S. 123-25). Dies dürfte tendenziell für Deutschland auch zutreffen, wenngleich die Polarisierung des Spielwarenverkaufs nach Geschlecht nach meinem Eindruck weniger ausgeprägt ist als in den USA. *Rheingold* u.a. (1975) fanden, daß Jungen mehr Spielzeug hatten, das auf Aktivitäten außerhalb des Hauses verweist; lediglich bei Puppensachen und Haushaltsspielen hatten die Mädchen mehr. Es ist jedoch fraglich, welche Bedeutung diese Zuordnung für das Kinderspiel im jeweiligen Alter hat. Eine Differenzierung nach dem Spielwert (z. B. bewegliche Teile) gibt es nur in Ansätzen. Am ehesten bietet die Analyse von *Lott* (1981, S. 39-40) eine Perspektive. Sie weist darauf hin, daß der Spielwert vieler „Mädchenspielsachen" von der Anerkennung oder Bestätigung eines anderen Menschen abhängt, weil sie zum Ziel haben, Dinge hübsch, nett oder schön zu machen. Zwar kann das Mädchen sich durchaus auf das eigene Urteil verlassen, ob nun der gedeckte Puppentisch, die Puppenfrisur, das gemalte Bild „schön" oder „richtig" ist; es liegt aber sehr nahe, das Erfolgserlebnis durch Einholung der Meinung eines Zuschauers zu gewinnen. Hingegen beziehen Spiele, die bewegt oder zusammengesetzt werden, ihren Spielwert aus der gelungenen Hantierung selbst. Das ist häufig der Fall bei typischen Jungenspielen. Nur die Spielbeteiligten selber können dem ereignisreichen Straßenverkehr der Spielautos etwas abgewinnen, Kommentare von außen sind überflüssig. Wenn Erwachsene herbeigerufen werden, um ein Bauwerk zu bewundern, so hat das Kind den Erfolg des Bauens schon festgestellt, es möchte nun die Bewunderung seines Könnens noch dazu hören. Der Stellenwert der Bewertung durch andere ist anders als bei ästhestischen Produkten. Nach Lott trägt die Unterstützung des typischen Mädchenspiels dazu bei, Mädchen zur Abhängigkeit zu erziehen.

Die Bereitschaft von Familienangehörigen, Spielwaren zu kaufen, wird vermutlich sowohl durch Vorurteile über Kinder des betreffenden Geschlechts — verstärkt durch Werbung — wie auch durch geäußerte Wünsche des Kindes (beeinflußt durch Werbung!) gelenkt. Gerade bei der Spielzeugausstattung ist die weitere Verwandtschaft spürbar beteiligt, was vermutlich eher konservativen Tendenzen zuarbeitet. Auch die ständige Steigerung der erforderlichen Anfangsinvestition wirkt gegen die Anschaffung untypischer Spiele. So wurden z. B. Mitte 1982 der Grundkasten und der Ergänzungskasten von Fischer-Technik — beide 50 Teile — aus dem Handel gezogen und durch einen Anfangskasten von 100 Teilen (identisch mit den beiden früheren Kasteninhalten) ersetzt. Wenn Eltern ohnehin unsicher sind, ob ihre Tochter nachhaltiges Interesse am technischen Bauen haben wird, so hat sich die Hemmschwelle gegen eine Erstanschaffung schlagartig mehr als verdoppelt (da mit der Veränderung auch eine Preissteigerung verbunden war). Leicht schieben sich zusätzliche Werthaltungen vor, wie z. B. die berechtigte Ablehnung des „Konsumterrors" zu Weihnachten. Ein Spiel, das für die Tochter nicht gekauft wird, „weil es unerhört teuer ist", wird vielleicht später für den kleinen Bruder gekauft, „weil er sich das *so* sehr wünscht". Möglicherweise hätte das Mädchen den Besitz, die Verfügbarkeit des Spieles viel nötiger gehabt, um sich allmählich mit dessen Möglichkeiten vertraut zu machen. Alles in allem hat es jedoch den Anschein, daß reichliches und auch teures Spielzeug für die Kinder heute auf ähnliche Weise zu den „Mindestansprüchen" gehört wie der Farbfernseher, z.T. auch Statusbedeutung hat. Das Problem der geschlechtsspezifischen Spiele wird vermutlich weniger in der materiellen Ausstattung mit Dingen als in den Spielfantasien und -anregungen selber liegen.

Ohne Zweifel tragen Erfahrungen in der Familie sowohl zur Verstärkung vorhandener Neigungen, wie auch zur Errichtung von inneren Barrieren gegen jedes Erproben von Verhaltensmöglichkeiten im Bereich des anderen Geschlechts bei. Doch sind diese Erfahrungen schwer abgrenzbar von den Erfahrungen außerhalb der Familie und in den Medien. Und obwohl die Forschung sich geradezu monoman auf die Erziehung der Mütter gestürzt hat, ist von dort am allerwenigsten eine geschlechtsspezifische Beeinflussung nachweisbar. Zur Vermittlung der Kenntnis der Normen für Weiblichkeit und Männlichkeit bedarf es heute, im Zeitalter der Medien, ohnehin keiner besonderen Erziehungsleistung der Familie.

Eine abschließende Bemerkung scheint angebracht, da die neuere deutschsprachige Literatur einhellig die Auffassung vertritt, daß Mädchen und Jungen in den ersten Lebensjahren und gerade in der Familie durch massiv unterschiedliche Behandlung geschlechtsspezifisch konditioniert werden. Empirische Forschung wird zur Stützung dieser These kaum bemüht. Ich vermute als Hintergrund dieser Ansichten die historisch spezifischen eigenen Sozialisationserfahrungen derjenigen Generation, die in den 70-er Jahren die Diskussion um weibliche Sozialisation in der neuen Frauenbewegung hervorgebracht hat. Die in Selbsterfahrungsgruppen ausgetauschten Erfahrungen mit der eigenen Kindheit machten die Theorien plausibel, doch die Kindheit der Frauen aus den Jahrgängen zwischen 1940 und 1955 hatten besondere Bedingungen. Denn für die Generation der Mütter dieser Jahrgänge waren durch Krieg und Flucht zahlreiche soziale Netzwerke zerrissen, auf die sich Frauen bei der Kindererziehung früher verlassen hatten. Andererseits hatten sie einen zwölfjährigen Propagandafeldzug gegen jegliche Aneignung von Selbständigkeit oder von männlichen Tätigkeiten durch Frauen erlebt. Angesichts Vergewaltigungserfahrungen, Verbreitung von Halbprostitution als Überlebensstrategie junger Mädchen, wäre es nicht verwunderlich, wenn Mütter in der Nachkriegszeit eine diffus angstbesetzte, spezifisch einschränkende, und mit Bruchstücken unreflektierter BDM-Ideologie angereicherte Mädchenerziehung praktiziert hätten. Die Erinnerung an eigene Mädchensozialisation in der Frauenbewegung der 70er Jahre betraf diese Zeit, ist jedoch vermutlich nicht verallgemeinerbar für junge Mädchen heute.

Die Familie als Institution läßt einerseits eine große Vielfalt von Besonderheiten bis hin zur skurrilsten Abweichung von der Norm zu; sie ist andererseits durchlässig für historische, klassen- und generationsspezifische Einflüsse. Daß wir dennoch keine gesellschaftliche Aufhebung der Polarität in den sozialen Chancen der Geschlechter beobachten können, verweist darauf, daß wir Ursachen auch für die Sozialisation eher außerhalb der Familie zu suchen haben.

2. Erziehung in öffentlichen Einrichtungen

Unterschiedliche Behandlung von Mädchen und Jungen scheint leichter nachweisbar in Erziehungseinrichtungen. Dies liegt nicht nur daran, daß die Vorgänge in ihrer Gesamtheit „öffentlich" ablaufen, daher leichter beobachtbar sind, sondern auch am Charakter des jeweiligen Erziehungsvorgangs. Gilt die Familie als Ort uneingeschränkter Individualität, worin Entscheidungen nach Maßgabe der Besonderheit jeder Person als „gerecht" empfunden werden, so müssen im Kindergarten und im Klassenzimmer Entscheidungen überwiegend für Gruppen gelten. „Gleiches Recht für alle" gilt dort als gerecht; die pädagogische Entscheidung wird durch mehrheitlich zu erwartendes Verhalten bestimmt. Dieses ist aber in manchen Hinsichten geschlechtstypisch, was in zunehmendem Maße, spätestens im Alter der Einschulung von den Kindern selbst untereinander kontrolliert wird.

Die Differenzierung in der Behandlung von Mädchen und Jungen beginnt mit der — von *Lott* (1981), *Clarricoates* (1978) und anderen hervorgehobenen — Tendenz von Lehrer/innen und Erzieherinnen, die Komplexität der Erziehungssituation durch Anwendung des Geschlechterprinzips zu reduzieren. Anweisungen, Aufforderungen, Spielangebote und Erwartungen, oft auch Lob und Tadel werden pauschal an die Gruppe „der Mädchen" oder „der Jungen" gerichtet. Damit wird oft nur aufgegriffen, was „in der Luft" lag: Hat eine Stunde lang eine Gruppe von Jungen mit Bausteinen und Autos gespielt, so ist es leichter und schneller zu rufen: „Jungs, räumt Eure Bausteine auf!" als das Prinzip zu verdeutlichen: jedes Kind räumt, bevor es geht, das auf, womit es zuvor gespielt hat. Doch wenn auch der Gebrauch von Ansprüchen an Geschlechtskollektive nur zu verständlich als Reaktion auf das Verhalten der Kinder selbst erscheint, so vermischt sich dies immer mit einem Eigenanteil der Pädagogen/innen, die auch von sich aus die Mädchen oder Jungen kollektiv ansprechen bzw. deren vielleicht nur mehrheitlich oder zufällig geschlechtsgeteiltes Verhalten durch Benennung verstärken. Lott betont, daß in den von ihr beobachteten Kindergärten getrennte Aufforderungen an Mädchen und Jungen selbst da genutzt wurden, wo alle gebeten wurden, dasselbe zu tun, etwa ihre Mäntel anzuziehen (*Lott* 1981, S. 64-65; ähnlich *Blackstone* 1976, Anm. 8, S. 424). Dem entsprach, daß die Erzieher/innen überzeugt waren, daß Mädchen und Jungen im Alter von vier Jahren tatsächlich sehr viele Verhaltensunterschiede aufweisen — viel mehr, und zum Teil auch andere, als bei der Beobachtung der Kinder festgestellt wurde.

Nahezu jedes Land, in dem eine Frauenbewegung aktiv geworden ist, verfügt inzwischen über eine Analyse der Schulbücher. Immer wieder wird nachgewiesen, daß Mädchen und Frauen in diesen Büchern benachteiligt, ignoriert und geradezu verächtlich dargestellt werden. Nicht nur die Lesebücher, auch die Mathematikbücher gehen derart überheblich mit dem weiblichen Geschlecht um. Für deutsche Schulbücher ist dies aktuell im Sammelband von *Brehmer* (1982) für mehrere Bereiche noch einmal aufgezeigt. In vielem überschneiden sich diese Analysen mit der ebenso notwendigen Analyse der Darstellung von Frauen und Mädchen in den Medien. Hier scheint es lohnenswert, auf einen anderen Aspekt aufmerksam zu machen: Die Lese- und Mathematikbücher scheinen davon auszugehen, daß sie es unbedingt erreichen müssen, das Interesse der Knaben zu wecken, während das der Mädchen vorausgesetzt oder aber übergangen werden kann. Die gesamte Anlage der Grundschulbücher scheint darauf zu zielen, Identifikationsmöglichkeiten für Jungen zu bieten, als müßten nur sie, und sie besonders, zum Erlernen der Kulturtechniken überredet werden.

Empirische Untersuchungen der Interaktion im Klassenzimmer haben festgestellt, daß Jungen in der Tat — den Alltagsannahmen entsprechend — öfter wegen Disziplinstörungen zurechtgewiesen werden als Mädchen. Sie erhalten jedoch auch mehr positive Aufmerksamkeit, obwohl nicht alle Untersuchungen einen Unterschied feststellen; der Eindruck besteht, daß das, was Jungen im

Kindergarten oder in der Schule tun, insgesamt mehr beachtet wird (*Maccoby*/ *Jacklin* 1974, S. 335; *Serbin*/*O'Leary* 1975; *Sharpe* 1976, S. 146). *Serbin*/ *O'Leary* (1975) achteten besonders auf die Art der negativen und positiven Beachtung. Wenn Mädchen zurechtgewiesen wurden, geschah dies meist einzeln und eher leise; die Reaktion auf Störungen von Jungen war öffentlich und laut, zog die Aufmerksamkeit der gesamten Gruppe auf sich, und wirkte indirekt als Bestätigung des Verhaltens, das bestraft werden sollte. Aber auch die positive Zuwendung war unterschiedlicher Art: Mädchen wurden weit häufiger beachtet, wenn sie sich in der Nähe der Lehrerin aufhielten, dies war bei Jungen nicht maßgeblich. Die Unterweisung und Hilfestellung bei Aufgaben war unterschiedlich; Lehrerinnen neigten bei den Mädchen eher dazu, die Aufgabe für sie zu machen, wenn sie allein nicht klarkamen, während es den Jungen noch einmal erklärt wurde.

Da Interaktionsstile durchaus je nach Land und Kultur und auch individuell verschieden sind, stellt sich die Frage nach der Übertragbarkeit ausländischer Forschungen. Aus einer neueren Untersuchung in Reutlingen gehen jedoch frappierend ähnliche Ergebnisse hervor. Im ersten Untersuchungsteil wurden 15 Lehrerinnen und Lehrer in 12 Klassen des vierten Schuljahres beobachtet; im zweiten Teil waren 35 Klassen einbezogen. Insgesamt stellte sich heraus, daß Jungen signifikant häufiger aufgerufen werden, sowohl im Verhältnis zu ihrer Zahl wie auch im Verhältnis zu der Häufigkeit, mit der sie sich melden. Sie werden deutlich häufiger gelobt als Mädchen, aber auch häufiger getadelt. Jungen werden mehr als doppelt so oft wegen mangelnder Disziplin getadelt als Mädchen. Schließlich gibt es Unterschiede in der Häufigkeit, mit der Schüler/innen aufgerufen werden, ohne sich gemeldet zu haben. Diese treten aber kaum im Fach Deutsch auf, sondern in Mathematik und noch stärker Sachkunde; und die Neigung, die Jungen eher anzusprechen, ist ausgeprägter bei Lehrerinnen als bei Lehrern. *Frasch*/*Wagner* fassen zusammen:

"Einstellung und selektive Wahrnehmung des Lehrers drücken sich darin aus, daß der Unterrichtsbeitrag von Jungen — unbemerkt — als wertvoller eingestuft und Jungen für förderungswürdiger erachtet werden. Lehrer spornen deshalb Jungen mehr an, was zu häufigerem Lob und Tadel und Disziplintadel führen kann, wenn die schulische Mitarbeit der Jungen durch deren aggressives Verhalten gefährdet ist. Möglichst gut Schulleistungen, vor allem bei Jungen, werden für so wichtig erachtet, daß Lehrer sich auch von sich aus mehr den Jungen zuwenden. Mädchen müssen sich die Zuwendung des Lehrers eher selbst holen. Bei männlichen Lehrern ist diese Tendenz im übrigen noch stärker ausgeprägt als bei weiblichen Lehrern; auf Jungen achtet man einfach mehr." (*Frasch*/*Wagner* 1982, S. 275)

Die unterschwellige Botschaft des beschriebenen Lehrerverhaltens ist es sicherlich, daß Jungen wichtiger sind. Unzureichend wäre dies aber als alleinige Erklärung, denn Schülerinnen werden durchaus gemocht, für ihre Leistungen gelobt, und sie haben auch selbst den Eindruck, daß ihre Lehrer sie für befähigt halten und sie mögen (*Dweck*/*Goetz* 1978, S. 164). Der Ansatz von *Clarricoates* (1978) könnte weiterführen. Ihre in England durchgeführte Untersuchung umfaßte Beobachtungen im Klassenzimmer und Interviews mit Lehrerinnen.

Clarricoates betont, daß die Aufrechterhaltung von Disziplin — im Sinne der Mindestanforderung, die Aufmerksamkeit der Klasse halten und das Geschehen im Klassenzimmer einigermaßen steuern zu können — grundlegend für jeden Unterricht ist. Dies gilt nicht nur im selbstverständlichen Sinne, überhaupt unterrichten zu können; vielmehr ist das Ausmaß der Kontrolle über die Klasse das deutlichste Gradmesser für die berufliche Kompetenz von Lehrerinnen und Lehrern, und dies wird im Kollegium, von Vorgesetzten und von den Lehrer/innen selbst so wahrgenommen und gehandhabt. Berufsanfänger leiden oft Höllenängste vor der Vorstellung, das Geschehen im Klassenzimmer nicht mehr lenken zu können. Dies ist so weit auch Alltagswissen in der Pädagogik; Clarricoates stellte jedoch in ihren Interviews fest, daß die Lehrerinnen sich in der Überzeugung einig waren, daß Disziplinstörungen vor allem von männlichen Schülern zu erwarten seien. In der Tat hat die Schulforschung regelmäßig festgestellt, daß Jungen weit häufiger wegen Disziplinstörungen zurechtgewiesen werden als Mädchen.

Dabei nehmen zwei Erwartungen Einfluß auf das Lehrerverhalten. Zum einen wird vermutet, daß Jungen einfach „von Hause aus" (die vermuteten Gründe reichen vom Biologischen bis zur sozialen Umwelt) aggressiver, unruhiger, weniger bereit, sich unterzuordnen, frecher und trotziger sein werden als Mädchen. Die Gefahr, daß der Unterricht ganz zusammenbrechen könnte, geht von ihnen aus. Zum anderen erwartet man mehr Lernschwierigkeiten bei den Jungen, d. h. man glaubt, mehr tun zu müssen, damit auch sie die Kulturtechniken in der vorgesehenen Zeit meistern. Pädagogisch scheint es daher erforderlich, den Stoff besonders für die Jungen möglichst interessant zu machen. In der Tat ist im Klassenzimmer zu beobachten, daß Lehrer/innen nicht nur mehr negative Zurechtweisungen, sondern auch mehr Erklärung, Information und Zuwendung den Jungen zukommen lassen (Clarricoates 1978). Auf der Grundlage ähnlicher Einschätzungen habe ich 1977 die These vertreten, daß die gesellschaftliche Funktion des überwiegenden Einsatzes von Frauen in der Vor- und Grundschulpädagogik nicht in der besonderen Fürsorglichkeit von Frauen liegt, sondern in der Wichtigkeit des Widerstandes gegen schulische Disziplin für die Herausbildung gesellschaftlich erwünschter Männlichkeit. Egoismus, Aggressivität und Geringschätzung für weibliche Anforderungen an Sozialverhalten werden gleichzeitig provoziert (als erwartbar hingenommen) und mißbilligt, indem Lehrerinnen ihren Unterricht darauf einstellen, daß Jungen einfach „schwieriger" sind als Mädchen (Hagemann-White 1978). Clarricoates stellt sogar fest, daß die Stoffauswahl entsprechend den von Kindern mitgebrachten Vorurteilen als „für Mädchen" und „für Jungen" bestätigt wird, und daß zum weitaus größeren Teil die Themen genommen werden, die die Jungen spannend finden, um sie in den Unterricht einbinden zu können. Damit werden aber die Stereotypen noch einmal verstärkt.

Über die größere Aufmerksamkeit, die Jungen in der Grundschule erfahren, werden widersprüchliche Urteile gefällt. Die einen meinen, wie Serbin oder Frasch/Wagner, daß Jungen und Mädchen die gesellschaftliche Höherwertigkeit männlichen Tuns lernen, und daß dies den Jungen zum Vorteil gereicht. Die anderen betonen, daß Jungen offensichtlich in den ersten Jahren weit größere Schulschwierigkeiten haben und eine erheblich größere Chance für sie besteht, in die Sonderschule überwiesen zu werden (*Andresen* 1982, *Fagot* 1981, *Frauenbericht* 1981, S. 17). Unter Hinweis auf diese Schwierigkeiten ist z. T. Sorge um die „Feminisierung" der Grundschule geäußert worden, und in Berlin ist zumindest für den Vorschulbereich ein bewußtes Bemühen um mehr männliche Erzieher die Folge (*Frauenbericht* 1981, S. 12).

Eine zufriedenstellende Einschätzung wird wohl nur aus einer Analyse der gleichzeitigen Einwirkung von sozialer Schichtung nach Klasse und Geschlecht möglich sein (*Sharpe* 1976, S. 146; *Hunt* 1980, S. 150). Wenn eine Hauptfunktion der Schule als Institution die Reproduktion sozialer Ungleichheit ist, so ist dies komplexer als es schulsoziologische Theorie (z. B. *Fend* 1974) gesehen hat, weil zwei quer zueinander liegende Sozialstrukturen an die nächste Generation weitergegeben werden, und dies unter dem Anschein der gerechten Gleichbehandlung. Mit einem Schema, das Sozialisation von oben nach unten zu beschreiben versucht, bzw. die Entwicklung des Verhaltens der Schüler/innen lerntheoretisch aus den Verstärkungen durch Lehrer/innen ableitet, kann diese Analyse nicht gelingen. Wesentlich ist das Verhältnis der beiden Geschlechter zur Schule, was sie dort annehmen und was sie ablehnen.

Die Thematik des Widerstandes gegen die Schule als Merkmal einer männlichen Subkultur wurde von *Willis* (1977) ethnographisch und theoretisch verfolgt. Die Ergebnisse bestätigen meine These, daß die Definition der Autorität der Schule als weiblich ein wesentlicher Faktor in der Sozialisation von Männlichkeit ist. Willis beschreibt dies für männliche Arbeiterjugendliche, bei denen die krassen Formen von stereotyper Männlichkeit — Frauenverachtung, demonstrative Mutproben, Prügelbereitschaft, rigide geschlechtsspezifische Arbeitsteilung — von der Gruppe der Gleichaltrigen verlangt und als Widerstand gegen die als „weiblich" definierten Anforderungen der Schule erlebt werden. Arbeiterjugendliche „wählen" so, vermittelt durch massive Verweigerung und systematische Diziplinstörungen in der Schule, den Weg in die ungelernte Arbeit, indem sie körperliche Arbeit als Beweis ihrer Männlichkeit, gute Schulleistungen und die dadurch zu erlangenden Lehrberufe als „weibisch" definieren. Obwohl die Lehrer und Schulleiter redlich darum bemüht sind, dagegen zu wirken, erfüllt die Schule zugleich als Ort des „Spaßes am Widerstand" mit dem Anschein der Gerechtigkeit die Funktion, aus Arbeitersöhnen eine neue Generation von ungelernten Arbeitern zu machen.

Bezogen auf die Aneignung der Kulturtechniken, die ja die explizite Zielsetzung der Grundschule sind, hat es in jeder Hinsicht den Anschein, als seien Mädchen eindeutig bevorzugt (*Brehmer* 1982, S. 8). Andresen formuliert als gesicherte Tatsache, „daß Mädchen im Durchschnitt größere (und frühere) Erfolge im Lesen- und Schreibenlernen aufweisen als Jungen" (*Andresen* 1982, S. 161). Sie entwickelt die These, daß Mädchen aufgrund ihrer Erziehung leichter auf die Situation des Schreibunterrichts sich einlassen können und außerdem wichtige Funktionen, insbesondere Ausbildung der Feinmotorik, in mädchentypischen Beschäftigungen schon vorher erworben haben. Diese besseren Leistungen betreffen aber, so Andresen, vor allem langweilige und undurchschaubare Übungen in Rechtschreibung. Die Mädchen gelangen zu Erfolgen auf dem Wege der Ängstlichkeit, Anpassung und Abhängigkeit, und sie entgehen dadurch auch eher der Sonderschule.

Der Erfahrungsschatz der Schulpraxis begründet so eine besondere Bemühung um die Einbindung der Jungen in diese Art von Unterricht. Und diese Bemühung scheint auf eine Polarisierung der Jungen angelegt zu sein (Hunt 1980). Durch ständige Grenzsetzungen für das Maß akzeptablen Widerstandes, aber auch ausgiebiges Lob für gute Leistungen, notfalls durch Einbeziehung der Autorität und der Nachhilfe der Eltern, wird der Mittelschichtsohn dahin gebracht, die eher dem weiblichen Stereotyp entsprechende Anpassung zu leisten, um in dieser Institution lernen zu können. Der Arbeitersohn bringt weniger Voraussetzungen mit, wird seltener gelobt und gleichzeitig in seiner Aneignung der Subkultur aggressiver Männlichkeit indirekt, durch öffentliche Beachtung, bestätigt. Zudem sind die Requisiten der Männerrolle, die von der Subkultur der Gleichaltrigen vom ersten Schuljahr an hochgewertet werden, dem Arbeitersohn oft vertrauter, auch in der Körpersprache „sitzt" die Rolle besser; sie bietet daher eine Chance, Macht und Status innerhalb der Schulklasse zu erlangen.

Diese Subkultur der Jungen richtet sich gegen die Mädchen. Vom Vorschulalter bis zur Pubertät bestätigen alle Forschungen die Praxisbeobachtung, daß Mädchen und Jungen jeweils bevorzugt mit den eigenen Geschlechtsgenossen spielen. Einige Daten weisen dahin, daß diese Trennung weit stärker von den Jungen ausgeht (Unger 1979, 206). So lange die Schule den Mädchen Anerkennung und Bestätigung bietet, neigen sie dazu, dies zu akzeptieren. Gegen die Geringschätzung und das Ärgern, oft auch Prügeln, ist ihr Selbstbewußtsein dadurch geschützt, daß das Jungenverhalten auch ein solches ist, das die Erwachsenen mißbilligen und sanktionieren. Im Akzeptieren üben sie aber Verhaltensmuster ein, die in den höheren Klassen der Schule nicht mehr belohnt werden. Anders gesagt: Die Schule versäumt es, den Mädchen diejenigen Fähigkeiten beizubringen, die sie typischerweise außerhalb des Unterrichts wenig Gelegenheit haben, anzuwenden oder zu erwerben.

Die besondere Aufmerksamkeit, die im Unterrichtsgeschehen wie in den Schulbüchern den Jungen gewidmet ist, hat die Aufgabe, ihnen Fähigkeiten nahezubringen, die sie nicht durch altersgemäße Nachahmung der gesellschaftlich sichtbaren Männerrolle lernen können. Damit erwerben sie aber Fähigkeiten, die sie später für die tatsächlichen Wege zu Vorteilen und Privilegien benötigen werden, deren Stellenwert sie als Kinder jedoch noch nicht durchschauen. Mädchen werden dabei belassen, diejenigen Fähigkeiten zu erwerben, deren Stellenwert für die Frauenrolle ihnen schon als Kinder einsichtig sein kann. Fähigkeiten, die sie genauso benötigen werden, aber deren Stellenwert sie als Kinder noch nicht durchschauen können – Unabhängigkeit, Wettbewerbsfähigkeit, Originalität, räumliches und mathematisch-naturwissenschaftliches Denken, Vertrautheit mit Technologie, und die Fähigkeit, sich durchzusetzen und sich zu wehren – werden nicht unbedingt im Unterricht gefördert. Die Schule wirkt, wie Sherman andeutete, in der Tat als kompensatorische Einrichtung für männliche Kinder. In einer Gesellschaft, deren Erwachsenenrollen so vermittelt und komplex geworden sind, daß Kinder durch die bloße Aneignung dessen, was sie durchschauen können, dem nicht gewachsen wären, ist „kompensatorische" Erziehung in diesem Sinne auch notwendig. Sie wird für Mädchen unterlassen.

Das allmählich sinkende Zutrauen der Mädchen zu sich und ihren schulischen Fähigkeiten ist damit noch nicht aufgeklärt. Auffallend ist z. B. (so auch von *Sherman* 1978 vermerkt), daß trotz gleich guten Mathematikleistungen bis in die 10. Klasse Mädchen freiwillig weniger Kurse wählen, in denen sie diese Fähigkeiten gebrauchen. Auch das „Aussieben" von Mädchen im Bildungssystem nimmt zunehmend deutlich die Form an, daß Mädchen zwar gute Abschlüsse machen, dann aber den Bildungsgang abbrechen: Sie legen z. B. das Abitur ab, studieren dann aber nicht. Neben den vielen materiellen und familiären Hindernissen, die eine in Wirklichkeit unfreiwillige Entscheidung bewirken können, scheint nicht ohne Bedeutung zu sein, daß Mädchen relativ früh beginnen, in der Einschätzung eigener Erfolgserwartungen „tiefzustapeln", bei Mißerfolgen schnell aufzugeben.

Carol *Dweck* und ihre Mitarbeiterinnen haben in einer Reihe von Untersuchungen erforscht, worauf Kinder ihre Erfolge und Mißerfolge unter verschiedenen Bedingungen zurückführen, in der Annahme, daß solche Zuschreibungen sich auf das Selbstbild auswirken und darauf, was man sich jeweils neu zutraut. Wenn ein Kind beim Mißlingen eines Versuchs sagt „ich bin wohl zu blöd für so was", beim Gelingen aber „na, da muß ich gerade Glück gehabt haben", zieht es die eigene Eignung oder Fähigkeit in Zweifel. Kinder, die so reagieren, geben auch relativ schnell auf. Schon der erste Mißerfolg wird verallgemeinert, es werden dann keine Erfolge mehr erwartet. Dweck meint, daß bestimmte Kinder regelmäßig in dieser Weise reagieren; sie bezeichnet das Verhaltensmuster als „gelernte Hilflosigkeit". Andere Kinder wiederum führen einen Mißerfolg zunächst darauf zurück, daß sie eben wohl nicht aufgepaßt haben, sich mehr Mühe geben müssen; d. h. sie suchen erst nach Erklärungen in Dingen, die sie selbst beeinflussen können. Wenn Kinder so reagieren können, unternehmen sie neue Anstrengungen, die Aufgaben weiter, vielleicht mit veränderter Herangehensweise zu lösen.

Nun hat Dweck mehrfach festgestellt, daß das „hilflose" Verhaltensmuster bei Mädchen deutlich häufiger vorkommt als bei Jungen. Ihre Bemühungen ließen nach, sobald ein Mißerfolg eintraf, auch wenn vorher mehrere Aufgaben gelungen waren, zum Teil wurden die Problemlösungswege sogar ungeschickter als zuvor. Dasselbe trat ein, wenn solche Kinder unter Druck gerieten, weil Mißerfolg wahrscheinlicher zu werden schien, oder weil die wertende Beobachtung auffälliger wurde. Um zu sehen, wie es dazu kommt, stellte Dweck Beobachtungen in Klassenzimmern an. Wie andere Forscher beobachtete auch sie, daß Jungen insgesamt mehr, sowie mehr tadelnde Lehrerreaktionen erhielten als Mädchen. Wichtig waren aber die Art der Reaktionen und die Anlässe. Jungen wurden überwiegend in bezug auf Disziplin und Ordnung getadelt oder auf Aspekte ihrer Arbeit, die nicht die intellektuelle Leistung betrafen. Bei den Mädchen hingegen war fast 90 % des Tadels auf die Leistung selbst gerichtet. Lob für Jungen andererseits bezog sich fast ausschließlich auf ihre Leistung; dies war deutlich seltener für Mädchen der Fall. Das bedeutet: Der Junge erfährt viele, und auch viele negative Reaktionen von Erwachsenen auf sein Verhalten; Tadel vermittelt aber selten Zweifel an seinem Können, Lob bestätigt fast immer, das er Gutes ja leisten kann. Die Zurechtweisungen sind oft diffus und haben wenig Relevanz für eine Bewertung seiner Fähigkeiten. Die Reaktionen von Erwachsenen gegenüber Mädchen hingegen sind vor allem dann auf ihre Leistungen bezogen, wenn sie negativ sind; gelobt werden sie eher für Wohlverhalten oder für die ordentliche Anfertigung der Aufgaben (*Dweck/ Goetz* 1978; ähnliche Daten bei *Frasch/Wagner* 1982 für Deutschland und *Viaene* 1979 für Belgien).

Diese Ergebnisse stimmen gut mit denen von Clarricoates überein. Wenn Lehrer/innen damit rechnen, daß Jungen Disziplinschwierigkeiten bereiten werden und es schwer haben, lesen, schreiben und rechnen zu lernen, so liegt es nahe, daß sie deren Leistungen besonders loben und undiszipliniertes Verhalten und saloppe Arbeitsweisen zurechtweisen. Dabei wird den Jungen unter der Hand vermittelt, daß sie etwas, was ihnen schwer fällt, durchaus leisten können, wenn sie sich nur anstrengen. Mädchen hingegen, von denen Wohl- verhalten erwartet wird, erfahren vor allem bei ungenügenden Leistungen Tadel; und da allgemein gute Leistungen und leichteres Eingewöhnen in der Schule von Mädchen erwartet werden, werden diejenigen, denen die Erfüllung der Anforderungen schwer fällt, eher vorschnell für minderbegabt gehalten. Möglicherweise ist es aber nicht Hilflosigkeit, wie Dweck meint, die erst gelernt werden muß. Vielmehr ist ein Lernen bei den „hilflosen" Kindern ausgeblieben: nicht aufgebaut wurde das Zutrauen, etwas doch zu versuchen, was man noch nicht kann. Gerade weil Mädchen sich reibungsloser in die Schule einpassen, wird ihnen dies weniger beigebracht: Sie lernen, ihre Mißerfolge in der Schule als Ausdruck der Grenzen ihrer Fähigkeiten und nicht als Aufforderung zu neuen Bemühungen zu deuten.

Dweck/Goetz haben die Erklärung noch erwogen, ob männliche Sozialisation Jungen insgesamt mit einem besseren Selbstbewußtsein ausstattet. Wäre dies der Fall, dürften Jungen generell unempfindlicher auf negatives Feedback (auf Hinweise, man habe die Aufgabe falsch gemacht) reagieren als Mädchen. In der Versuchsanordnung zur Prüfung dieser These erhielten Mädchen und Jungen in der 4. bis 6. Klasse Aufgaben. Die Bewertung ihrer Lösungen wurde bei einem Teil von Erwachsenen, bei einem anderen von Gleichaltrigen ihnen mitgeteilt. Die eigenschaftspsychologische Grundannahme von Dweck, daß es Kinder gäbe, die generell auf Mißerfolge hilflos reagieren, geriet nun auf überraschende Weise ins Wanken, denn es kam sehr darauf an, von wem die Bewertung geäußert wurde. Bei Erwachsenen waren die Ergebnisse wie oben berichtet: Jungen sahen ihre Mißerfolge oft als Folge fehlender Bemühung und strengten sich neu an; bei Mädchen war es häufiger, daß sie mangelnde Befähigung annahmen und ihre Bemühungen aufgaben, hilflos reagierten. Als Gleichaltrige die Rückkoppelung leisteten, war das Muster jedoch umgekehrt! Negative Bewertungen durch Gleichaltrige ließen die Mädchen weitgehend unberührt; nach einem Mißerfolg, der ihnen von einem gleichaltrigen Kind mitgeteilt wurde, haben sie dies mangelnder Anstrengung zugeschrieben und danach deutlich bessere Leistungen gezeigt. Die Jungen schrieben nun ihre Mißerfolge mangelnder Fähigkeit zu und gaben schnell auf. Von allen Gruppen im gesamten Versuch waren es die Jungen, die von gleichaltrigen Jungen Mißerfolgsmeldungen erhalten hatten, die das „hilflose'' Verhaltenssyndrom am deutlichsten aufwiesen und den stärksten Leistungsabfall zeigten (*Dweck/Goetz* 1978, S. 165).

Die Bedeutung dieser Ergebnisse mag in einem Hinweis von *Fagot* (1981) zu suchen sein: Jungen werden für zwei Sätze von Verhaltensweisen bestätigt. Erwachsene geben ihnen Bestätigung für gute Schulleistungen und für Verhalten, das eher dem Mädchenstereotyp entspricht; und Gleichaltrige hingegen für Verhalten, das dem männlichen Stereotyp entspricht. Die schulischen Zurechtweisungen für Aggressivität, Ungehorsam, etc. vermitteln zugleich, daß dies ein zu erwartendes Verhalten ist; es gilt als normal, auch wo es unerwünscht ist. Insofern lösen diese Sanktionen keine tiefe Beunruhigung aus. Verunsicherung, die die Leistung beeinträchtigt und das Selbstbewußtsein erschüttert, geht nur von der Mißbilligung durch andere Jungen aus. Bei Mädchen ist das Einleben in die Schule leichter, weil die Verhaltenserwartungen einhelliger sind: Erwachsene und Gleichaltrige verstärken „mädchenhaftes'' Verhalten, und dies schließt in der Grundschule auch die Möglichkeit ein, sich mit guten Leistungen hervorzutun. Was den Mädchen dabei völlig fehlt, ist die Chance, sich von den Normen und Bewertungen der Erwachsenen zu distanzieren. Da das Mädchen die Gleichaltrigen nicht als Stütze für den Rückzug aus der Erwachsenenaufsicht gebrauchen konnte, ist deren Bewertung ihres Verhaltens nicht so zentral. Ihr Selbstbewußtsein ist gegenüber Kritik von Gleichaltrigen relativ stabil.

Zusammenfassend können mehrere Erziehungseinflüsse in öffentlichen Einrichtungen ausgemacht werden, die geschlechtsspezifisch wirken:

1. Getrenntes Ansprechen „der Mädchen'' und „der Jungen'' ist eine Selbstverständlichkeit des Unterrichtsalltags, die unter der Hand die herkömmlichen Rollenzuweisungen verstärkt. Diese Praxis verstärkt auch das Abgrenzen der Geschlechter gegeneinander unter den Gleichaltrigen und damit die Subkultur der Jungen in ihrer Abgrenzung gegen alles Weibliche.

2. Jungen erhalten insgesamt mehr Aufmerksamkeit als Mädchen. Sie lernen dabei den Nutzen von Widerborstigkeit, um sich – auch bei Tadel – er-

folgreich in den Mittelpunkt zu setzen. Mädchen gewöhnen sich daran, weniger beachtet zu werden, ohne dies als ungerecht zu empfinden, da die Beachtung der Jungen oft mit Mißbilligung verbunden ist.

3. Jungen werden unter erheblichen Druck gesetzt, Verhaltensweisen zu übernehmen, die als „mädchentypisch" gelten; zugleich erhalten sie von Gleichaltrigen Verstärkung, von Erwachsenen Toleranz für Verhalten nach dem männlichen Stereotyp. Lehrer und Lehrerinnen geben sich deutlich mehr Mühe, den Jungen das Lernen nahezubringen. Obwohl Arbeitersöhne in diesem Spannungsfeld von Anforderungen oft in einer sozial nachteiligen Identität befestigt werden, gelingt bei vielen Jungen die Förderung von Fähigkeiten, die den Kindern weniger einsichtig sind. Mädchen werden hingegen von Erwachsenen wie von Gleichaltrigen in dieselbe Richtung verstärkt und von niemandem dazu gedrängt, Verhaltensweisen zu erproben oder übernehmen, die „jungentypisch" sind.

4. Die Art der alltäglichen Rückkoppelung scheint langfristig für das Selbstbild wichtig zu sein. Wenn Lob und Tadel regelmäßig an der Leistungsbewertung ansetzen und die Leistung auch wichtigster Anlaß zur Beachtung ist, wird die Einschätzung der eigenen Befähigung zu sehr vom Urteil anderer abhängig. Mißerfolge werden dann schnell als Beweis der eigenen Unfähigkeit gedeutet. Günstiger ist offensichtlich das Verhalten, das gegenüber Jungen häufiger ist: Lob für gute Leistung, aber selten Tadel für schlechte Leistung, sondern nur für Disziplinstörungen.

5. Im Bewußtsein der Lehrer und Lehrerinnen und der Eltern steht im Vordergrund die Schwierigkeit, die Jungen bei dem Einleben in die Schule haben. Weniger offen zutage liegt alles, was den Mädchen entgeht, während sie scheinbar so gut zurechtkommen. Ein Umdenken in dieser Hinsicht würde notgedrungen die Wertigkeit der Schulfächer anders setzen müssen, indem Fächer, in denen räumliche Orientierung, Grobmotorik und Unabhängigkeit gefördert werden, aufgewertet oder sogar neu geschaffen würden. Dies würde übrigens den Bestrebungen entgegenkommen, die auf Verringerung des Leistungsstreß und Eingliederung statt Absonderung zielen. Es verlangt aber auch in der Tendenz eine sehr grundlegende Schulreform, zumal wenn möglich werden soll, Mädchen zu Undiszipliniertheit, Eigenständigkeit und Widerspenstigkeit zu ermutigen.

Schließlich soll an die Ergebnisse der Untersuchung von *Sherman* (1978) erinnert werden, daß eine Angleichung der Leistungen und damit der Berufschancen von Mädchen und Jungen offensichtlich partiell erreichbar ist, wenn die Schule es als ihre Aufgabe akzeptiert, gleiche Lernangebote und Lernziele für beide Geschlechter zu setzen. Dadurch werden zumindest intellektuelle Fähigkeiten und Geschicklichkeiten gefördert und Bereiche, die „geschlechtsuntypisch" sind, zur Erprobung immer wieder angeboten. Eine grundlegende Veränderung der Schule als Institution steht wohl kaum bevor; als öffentliche

Einrichtung hat sie aber zumindest die Pflicht, Chancen offenzuhalten, Mädchen ebenso wie Jungen an das heranzuführen, was sie nicht schon kennen und dessen Sinn sie nicht von vornherein schon einsehen.

III. Ansätze zu einer Theorie der Entwicklung des weiblichen Sozialcharakters

1. Das Problem einer zureichenden Theorie der Weiblichkeit

Die empirische Forschung, die bis jetzt referiert wurde, hat einige prinzipielle Grenzen. Sie ist individualistisch: soziale Zusammenhänge sollen aus der Summierung individueller Verhaltensprägungen, diese wiederum aus den Zufällen individueller Lebensgeschichte erklärt werden. In dem lobenswerten Bestreben, Vorurteile und Ideologien der Unterdrückung mit Fakten zu konfrontieren, reduziert diese Forschung soziales Handeln, soziale Beziehungen und die vielschichtige Subjektivität von Personen auf meßbare Merkmale, die abgegrenzt und gezählt werden können. Für die aufklärerische Leistung, die sie dabei erbringt, zahlt diese Forschung damit, daß das Erkenntnisinteresse der Betroffenen unbefriedigt bleibt, und mit der Ideologie der Unterdrückung zerrinnt auch die Realität der Unterdrückten zwischen ihren wissenschaftlichen Fingern.

Die unterschiedliche Entwicklung von Mädchen und Jungen und die Unterschiede im Umgang von erwachsenen Frauen und Männern mit ihnen haben ihre Realität in einem sozialen Kontext, in dem die Geschlechterpolarität unabhängig von den Handlungen der Individuen und zugleich als ihre Realität feststeht. Die Unterschiede sind in ihren wichtigsten Aspekten nicht quantifizierbar, auch nicht durch eine verfeinerte Empirie. Eine Mutter lächelt ihren Sohn weder mehr noch weniger an als ihre Tochter, sondern anders: Ihr Lächeln trägt einen anderen Sinn und andere Gefühle. Der Sinn und die Gefühle erwachsen aus der gesellschaftlichen Bedeutung, die es hat, ein zukünftiger Mann oder eine zukünftige Frau zu sein. Zugleich entsteht in der Lebensgeschichte der Mutter eine bestimmte Erkenntnis, ein bestimmtes begrenztes Vermögen, mit dieser gesellschaftlichen Realität umzugehen, und ein bestimmter Wille, sich dazu zu verhalten. Die gesellschaftliche Bewertung von Frauen und Männern wird also sehr unterschiedlich gefärbt von verschiedenen Müttern weitergetragen und ist dennoch der gemeinsame Kontext, worin sie ein Mädchen anders erleben als einen Jungen.

Eine qualitative Erfassung dieser Unterschiedlichkeit kann am Beispiel der Einstellung von Frauen zu dem Geschlecht des zukünftigen Kindes verdeutlichen, wie der soziale Kontext der Geschlechterpolarität in sehr unterschiedlichen Haltungen dazu durchscheint. Judith Arcana hat für ihre Forschung über Mütter und Töchter mit 120 Frauen gesprochen, davon ca. 100, die ein Kind hatten oder demnächst wollten. Für 80 % von ihnen war es wichtig, ob das Kind ein Mädchen oder ein Junge wird. Drei Viertel von ihnen hatten sich eine Tochter gewünscht, für viele war es aber spürbar, daß ein Sohn von ihnen erwartet wird. Nur zwei oder drei Frauen beschrieben die Befriedigung, die die Mutterschaft für sie bedeutete, ohne Bezug auf das Geschlecht des Kindes oder zu den Erwartungen ihrer sozialen Umwelt an sie. Hören wir die Frauen sprechen, wissen wir, daß das Geschlecht des Kindes eine Bedeutung hat, die dem Kind selbst nicht verborgen bleiben kann:[7]

„Ich wuchs als eine von fünf Töchtern auf. Mädchen sind meistens leicht zu erziehen, sie sind praktisch gar nicht aufsässig. Meine Mutter war uns ein Vorbild, wir hielten uns an die Regeln. Wir waren alle ziemlich brav." (Wollte Mädchen) (*Arcana* 1979, S. 195)

„Ganz tief drin dachte ich wohl, daß ich gern mit einem kleinen Jungen umgehen möchte. Und sein Vater, tief drin wollte er einen kleinen Jungen. Er freute sich, einen Sohn zu haben, weil, er ist ziemlich altmodisch; er mag gerne dieses Raufen und Herumtollen und das Gefühl haben, daß die mal stark werden, aber mit kleinen Mädchen mußt du sanft sein. Ich glaube, er hätte davor Angst, eine Tochter zu haben." (S. 201)

„Ich wollte Mädchen . . . Mädchen bleiben viel länger zuhause als Jungen. Nicht, daß ich mich an sie klammern will, aber ab sechs Jahren sind die Jungen draußen in der Welt, während die Mädchen noch zu Hause sind. Wenn man, wie ich, immer gearbeitet hat, gehen sechs Jahre ziemlich schnell vorbei, und dann hast du nicht viel von deinen Kindern. Und mit Jungen, sobald sie heiraten, ist alles vorbei." (S. 195)

„Ich wollte Söhne . . . Ich dachte, man hat mit mir deshalb früher viele Schwierigkeiten gehabt, weil du Mädchen beschützen mußt. Auch wenn die Jungen die gleichen Sachen anstellen wie Mädchen und auch Ärger kriegen, brauchst du sie nicht zu beschützen. Also dachte ich, es wäre leichter, Jungen zu haben. Und ich habe sie auch. Jetzt wünsche ich, ich hätte eine Tochter." (S. 202)

„Das erste mal wollte ich einen Sohn und ich bekam eine Tochter. Ich hatte geglaubt, Väter wollen immer einen Sohn, was aber gar nicht stimmte, denn das war bei ihm anders. Er hat sich unwahrscheinlich gefreut, ein Mädchen zu haben, weil in seiner Familie keine waren. Aber weißt Du, das war ja das erste Kind, und das zweite mal wollte ich wirklich alles hinter mich bringen, und zum Glück wurde es auch ein Sohn. Ich hatte gedacht, es wäre schön, Jungen zu haben, weil die immer ihre Mutter mögen, aber es hat sich herausgestellt, daß das nicht ganz so ist. Meine Tochter mag ich wirklich sehr." (S. 202)

„Ich sage es immer wieder — ich will nur ein Mädchen und ich hoffe stark, daß es ein Mädchen wird, denn sonst weiß ich nicht was ich tue. Ich will keinen Mann großziehen. Es wäre eine solche Freude, eine Frau großzuziehen. Mir scheint, ich habe in meinem Leben zu viel Männer gehabt." (S. 197)

„Ja ich wollte einen Sohn. Zum damaligen Zeitpunkt mochte ich mich selbst nicht so sehr. Ich konnte mich besser auf Männer beziehen, ich mochte Männer lieber." (S. 203)

„Ich möchte ein Mädchen. Ich mag Mädchen. Ich bin ja selbst eine Frau. Ich würde viel besser verstehen, wie es ist, sie zu sein, als er zu sein." (S. 196)

„Ich wollte einen Jungen, mein Mann wollte auch einen Jungen. Ich wollte ein Kind haben, das ihm ähnlich ist." (S. 196)

„Ich war froh. Ich bin es jetzt noch mehr, denn ich frage mich, wie ich mit einem Jungen umgehen würde. In der Situation, in der ich bin — geschieden und darum kämpfend, als Frau in einer Männerwelt sich zu behaupten — habe ich wahrscheinlich weniger unbewußte Feindseligkeit gegen sie, als ich gegen einen Sohn hätte. Es ist ein großes Glück, eine Tochter zu haben. Sie identifiziert sich mit mir, und das finde ich gut." (S. 196)

Im weiteren wird es darum gehen, die theoretische Ebene zu finden, auf der die Entstehung und Wirkungsweise solcher Haltungen erfaßt und begriffen werden können.

Ein guter Teil der Literatur baut theoretisch entweder auf dem Konzept sozialen Lernens (USA) oder auf dem Aneignungskonzept (der sowjetischen Psychologie entnommen). Selten wird die Ähnlichkeit dieser Ansätze bemerkt. Betonen doch beide, ihrer Funktion in dem jeweiligen Heimatland entsprechend, die Übernahme der sozialen Verhältnisse unter Anleitung der Erwachsenen (vgl. *Ottomeyer* 1980, S. 177-78). Es wird gelernt bzw. angeeignet, oder es kommt überhaupt kein richtiger Mensch zustande. Der Reiz beider Ansätze für die Frauenforschung lag darin, daß sie die Übermacht der gesamten Gesellschaftsverhältnisse (deren Analyse allerdings jeweils sehr verschieden ist!) hervorkehren, so daß das Verhalten der Individuen als Folge dieser Verhältnisse verständlich wird; so schien nur nötig, die Gesellschaftsanalyse von der Sicht der Frauen aus umzugestalten. Was bei beiden Ansätzen allerdings fehlt ist das „Wie" des Lernens, der Aneignung; es wird auf mechanistische Bilder zurückgegriffen (der Spiegel, die Verstärkung durch mehr Belohnung oder mehr Strafe). Subjektivität hat für diese Theorien keine Eigenständigkeit: Aus ihr schallt es heraus, wie hineingerufen wurde. Die Abkürzung an der Subjektivität vorbei mag sogar die Popularität solcher Ansätze erklären, weil schnelle Schlußfolgerungen möglich sind.

Für solche Theorie, die von den Verhältnissen schnell zu dem Verhalten der Individuen gelangen will, ist der Rückgriff auf positivistische Empirie naheliegend. Er führt offenbar, trotz der theoretischen Ausgangsannahmen, immer neu zum Biologismus. Maccoby/Jacklin haben diesen Weg für aggressives Verhalten gewiesen, als sie einerseits statistische Unterschiede im Verhalten, andererseits keine entsprechenden statistischen Unterschiede in den Erziehungsmaßnahmen fanden. In progressiver Vereinfachung ist deren Aussage bei *Schenk* (1979) und dann bei *Brehmer* (1982) zu finden. „Wer heute einen Teil der Verhaltens- und Charakterunterschiede (einschließlich des Politikinteresses!) für 'angeboren' erklärt, muß durchaus kein männlicher Chauvinist mehr sein" verkündet v. Borries (*Brehmer* 1982, S. 122). In der Tat; aber wissenschaftlich zureichend sind diese Thesen deshalb nicht.

Eine vielversprechende Strategie, dem Biologismus entgegenzutreten, wurde von *Scheu* (1977) in exemplarischer Deutlichkeit vorgeführt: die Logik des Rückgriffs auf Erziehung in frühen Jahren kann als systematischer Rekurs stringenter gemacht und bis zur Geburt fortgesetzt werden. In einer Gesellschaft, die nach Geschlecht polarisiert ist, ist die These von Scheu einleuchtend, daß jede erscheinende Unterschiedlichkeit schon eine Geschichte hat. Die Grenze dieser theoretischen Strategie wird aber in der Umsetzung sichtbar, indem „die Logik des Gegners" beibehalten wird. Um mit Belegen aus der positivistischen Empirie die frühe Beeinflussung zu verdeutlichen, gerät Scheu in den Zwang, eine zu große Einheitlichkeit des Verhaltens von Müttern und Vätern, sowie eine gradlinige Wirksamkeit der Erziehungsmaßnahmen zu unterstellen. Zwar betont Scheu (anders als z.B. *Belotti* 1975) das

Widerstandspotential von Mädchen, das sie gewissermaßen existentialistisch ableitet: Es ist schlechthin menschlich, sich mit Unterdrückung und Beschränkung nicht abfinden zu wollen. Doch was als Widerlegung von biologistisch behaupteten Unterschieden begann, gerät in den Sog, eine eigene Erklärung für den weiblichen Sozialcharakter zu liefern, so daß am Ende der Eindruck siegt: Mädchen *sind* gefühlsbetonter, an Personen interessierter, abhängiger, braver — aber eben nicht so geboren, sondern dazu gemacht worden. Um dem Argument gesellschaftlicher Verursachung Gewicht zu verleihen, wird dem Gegner am Ende viel mehr zugestanden, als er auf empirisch-positivistischer Basis hätte beanspruchen können.

Eine zureichende Theorie des weiblichen Sozialcharakters kommt nicht an der Subjektivität vorbei. Im folgenden werden theoretische Überlegungen aufgenommen, die nachzuzeichnen versuchen, wie in der Praxis des Alltags und in der subjektiven Verarbeitung dieser Praxis der Schein der Natürlichkeit erzeugt wird, der den Sozialcharakter überzieht. Zur Diskussion stehen nicht mehr die Zufälle individueller Lebensgeschichte, worin einige von uns mehr, andere weniger traditionell konditioniert wurden, sondern die herrschenden sozialpsychologischen Verhältnisse, in denen wir uns so oder so zurechtfinden. Wenn marxistische Sozialisationstheoretiker z. T. meinen, es gäbe in der Gesellschaft zwei separate, aber miteinander vermittelte Prozesse der Reproduktion — den Reproduktionsprozeß des Kapitals und den Reproduktionsprozeß der Individuen (*Ottomeyer* 1980) — so weisen die hier aufgenommenen Ansätze auf einen Prozeß der *kulturellen* oder symbolischen *Reproduktion*, der keineswegs individuell zu nennen ist. Lassen wir die Sprache vorerst als Beispiel gelten: Ihre Reproduktion, die zugleich schöpferische und konventionsgebundene Entwicklung bei jedem einzelnen Kind, ist sowohl Voraussetzung des Bewußtseins, wie auch kollektiver Prozeß. Die Zweigeschlechtlichkeit ist in jeder Gesellschaft ein symbolisches System, das mit den ökonomischen und politischen Verhältnissen zutiefst verwoben, aber keineswegs identisch ist. Die Macht dieses Systems führt dazu, um kurz vorzugreifen, daß weniger privilegierte Mädchen sich stärker an den normativen Geschlechterbestimmungen orientieren, daher aber auch als „rückständig" oder emanzipationsfeindlich denunziert werden können.

Eine Übersicht über das derzeitige Marktangebot an Sozialisationstheorien soll hier nicht erfolgen. Zur Orientierung sei gesagt, daß ich besonders von theoretischen Arbeiten mit folgenden Ansätzen angeregt wurde: symbolische Anthropologie (beeinflußt durch, aber keineswegs zu reduzieren auf den Strukturalismus); der ethnomethodologische Zugang zu Erhellung von Alltagswissen; psychoanalytische Gedankengänge; und neuere marxistische Theorien der kulturellen Reproduktion. Eine derartige kursorische Auflistung kann nicht anders als eklektizistisch wirken, denn keine der genannten theoretischen Schulen hat aus sich heraus eine zureichende Theorie der Geschlechterbeziehungen und des weiblichen Sozialcharakters entfaltet. Auch haben Versuche, streng im Rahmen einer solchen, zunächst ohne die Frauen erdachten Theorie durch Vertiefung und Ergänzung die Geschlechterbeziehungen zu erklären, wie etwa Juliet Mitchell es mit der Psychoanalyse versucht hat, sich als Irrwege erwiesen. Die Entfaltung einer Theorie aus der Sicht der Frauen ist notwendigerweise ein längerer und schulenübergreifender Prozeß. Aus der bisherigen Theoriegeschichte zu plündern, muß jedoch keineswegs eklektizistisch sein, denn die Kriterien einer angemessenen Entsprechung zwischen Methode und Gegenstand müssen eher noch strenger angewandt werden als alle bisherigen Theorien dies — zumindest wenn es um die Frauen ging — versucht haben; und die Methode und innere Struktur der Theorien werden nicht nur mitbeachtet, sondern von neuen Seiten her beleuchtet. Die Möglichkeit einer Synthese unter den obengenannten Ansätzen begründet sich unter anderem damit, daß sie alle zwischen Denken und Fühlen, zwischen psychosexueller Entwicklung und kognitiven Leistungen *nicht* trennen (müssen); und daß sie die Eigengesetzlichkeit von Kultur bzw. von bewußten und unbewußten Vorgängen als symbolisches System in den Blick nehmen.

2. Die Zweigeschlechtlichkeit als kulturelles System und der Biologismus des Alltags

Um an die Wurzel der Geschlechterverhältnisse zu gelangen, müssen wir zunächst deren alltagstheoretische Grundannahme bewußt betrachten: daß die Existenz von zwei und nur zwei Geschlechtern eine Naturtatsache sei. Gelingt es uns, den eigenen kulturell geprägten Blick zumindest auszuklammern, können wir sehen, daß morphologisch ein Kontinuum zwischen weiblicher und männlicher Gestalt existiert, ein Kontinuum, das auch die Genitalien einschließt. Dieses Kontinuum in zwei eindeutig definierte, sich ausschließende Gruppen zu teilen, ist eine kulturelle Setzung. Zur Zeit gibt es Tendenzen, die Ärzteschaft auch hier mit Definitionsmacht auszustatten und das Chromosomengeschlecht als Trennungslinie zu setzen, so — allerdings nur für Frauen — im internationalen Leistungssport. Es ist hier ein Vergleich mit der Einteilung der Menschheit in Rassen angebracht, eine uralte kulturelle Konstruktion, deren Künstlichkeit in den sozialen Konflikten des 20.Jahrhunderts etwa in den USA und in Deutschland unübersehbar wurde, gleichzeitig immer gewaltsamer geleugnet worden ist. Faktisch existiert ein Kontinuum sowohl in der Morphologie wie in der Abstammung, im Alltag wurde oder wird geglaubt, daß jeder Mensch der einen oder der anderen Rasse angehöre und daß dies ihm unmittelbar anzusehen sei. Dabei werden die an beiden Enden des Kontinuums erkennbaren Unterschiede intensiviert wahrgenommen, die Wahrnehmung wird aber wiederum von dem „Wissen" um die Zugehörigkeit gelenkt. Wenn eine solche Theorie zugleich mit politischen und ökonomischen Machtkonflikten verwoben ist, kann sie enorm resistent gegen widersprechende Erfahrungen sein. Sie wird zur Natur gemacht.[8]

Haben die Arbeiten von Margaret Mead in den 30er Jahren die kulturelle Relativität der weiblichen und männlichen „Eigenschaften" angezeigt, so markiert wiederum eine Bemerkung von Mead vor 20 Jahren den Beginn einer ernsthaften Reflexion über die soziale Konstruktion der Zweigeschlechtlichkeit selbst. 1961 bemerkte Mead, daß nicht wenige Gesellschaften mehr als zwei Möglichkeiten der Geschlechtszugehörigkeit kennen, und *Martin/Voorhies* (1974) widmeten ein ganzes Kapitel diesen „zusätzlichen Geschlechtern". Dieser Faden ist von *Kessler/McKenna* (1978) und *Ortner/Whitehead* (1981) aufgenommen worden, wobei letztere eine ganze Aufsatzsammlung vorlegen, deren Autoren verschiedene Kulturen mit der Perspektive einer „Hermeneutik der Geschlechter" untersucht haben.

Wie diese anthropologischen Arbeiten verdeutlichen, müssen wir die Kategorien Frau/Mann selbst als Symbole in einem sozialen Sinnsystem begreifen. Wir können an keine Gesellschaft mit der naiven Annahme herantreten, wir wüßten ja schon, was Frauen und Männer sind und woran man den Unterschied erkennt. Sinnsysteme sind nicht ohne Verständnis der Intention der Handelnden zu begreifen, aber auch nicht ohne die historischen und sozialen Bedingungen, unter denen sie ihren Schein der Naturhaftigkeit erhalten. Geschlechtssysteme sind typischerweise zweigeteilt und hierarchisch, wobei in allen uns bekannten Gesellschaften das männliche Geschlecht dominiert (*Ortner* 1974); die Inhalte der Kategorien variieren jedoch sehr breit. Eine Anzahl von Gesellschaften haben Möglichkeiten gekannt, zum anderen Geschlecht überzuwechseln, ein drittes, neutrales Geschlecht anzunehmen, oder kennen mehrere zusätzliche Geschlechtskategorien. Umstritten ist, ob dies die Zweiteilung unterläuft (*Martin/Voorhies, Kessler/McKenna*) oder im Gegenteil gerade stärkt, indem ein Platz für Verhaltensabweichungen geschaffen wird (*Cucciari* 1981). Regelmäßig greifen jedoch die Prinzipien der Geschlechterunterscheidung, deren Inhalt ja sehr unterschiedlich ist je nach Kultur, auf die innere Hierarchie unter den Angehörigen eines Geschlechts und auf die besondere Geschlechtszuordnung über, sie sind also zugleich auch Werthierarchien allgemeiner Art. Was den Geschlechtswechsel oder die „zusätzlichen Geschlechter" betrifft, scheinen die Genitalien nie ganz irrelevant zu werden; diese Gesellschaften unterscheiden im Alltag jedoch nach anderen Kriterien und erlauben so in der Praxis den vollständigen Geschlechtswechsel oder den Wechsel in einen Sonderstatus, ohne daß die Genitalien ein Hindernis wären.

Auch die Sexualität im engeren Sinne kann nicht als „Naturtatsache" gelten. Die neuere Sexualwissenschaft bestätigt, daß eine hormonelle Verursachung für die Wahl des Sexualpartners, für die Relevanz von Personen, Gesten oder Situationen als erotisch oder unerotisch, überhaupt nicht in Frage kommt. Das, was als erotisch empfunden wird und sexuelle Erregung auszulösen vermag, ebenso wie das, was als sexuelles Tun erlebt wird, ist eindeutig kulturell gelernt und daher eingebettet im Sinnsystem der Zweigeschlechtlichkeit (*Cucchiari* 1981, S. 38).

In die gleiche Richtung von einer anderen Ecke her weisen die Überlegungen von *Constantinople* (1979), ob wir nicht „Geschlechtsrollen" als „Regeln" betrachten sollten. Sie übernimmt eine psychotherapeutische Begrifflichkeit, die Murray für die Beschreibung von Über-Ich-Prozessen bildete, worin mit Regeln im wesentlichen Erlaubnisse und Verbote verbunden sind. Mit dem Verständnis des Geschlechts lernt das Kind zugleich, wann, wo, auf welche Weise, und gegenüber welchen Personen Bedürfnisse geäußert (d. h. auch oft: empfunden) werden können/dürfen. Neuere Ansätze der Frauentherapie, die Veränderungen in den Festschreibungen der Weiblichkeit unterstützen wollen, stoßen immer wieder auf die Erlaubnis als einen wesentlichen sozialen Vorgang, der Veränderungen ermöglicht. Die Wichtigkeit von Verboten war schon länger in der Psychotherapie bekannt; wahrscheinlich verhinderte die Ideologie der männlichen Individualität eine stärkere Thematisierung der Erlaubnisse. Diese Gedanken können wir so formulieren, daß das kulturelle System, das uns die Unterscheidung von Frauen und Männern kognitiv ermöglicht (und abverlangt), zugleich auch nicht nur relative Bewertungen, sondern auch Erlaubnisse und Verbote für unsere Bedürfnisse und deren Äußerungen beinhaltet.

Anthropologische Untersuchungen können für unsere Fragestellung nur den Hintergrund bilden. Für unsere Kultur haben wir, aus der inzwischen recht ausgiebigen Literatur über den Sexismus, ein relativ deutliches Bild dessen, was „Frau" und „Mann" jeweils symbolisch vertreten. Einige allgemeine Merkmale von Geschlechtersystemen, wie sie Ortner und Whitehead verallgemeinernd beschreiben, lassen sich kurz aufzählen, und es erübrigt sich geradezu, sie explizit für unsere Kultur zu erläutern; zu vertraut sind uns die Inhalte, die da anzuführen wären. So gilt recht allgemein, daß der Tätigkeitsbereich der Männer übergreifend ist und gewissermaßen den der Frauen umfaßt. Wird der öffentliche Bereich den Männern und der häusliche Bereich den Frauen zugewiesen, ist Öffentlichkeit als Sorge um das Gemeinwohl (also auch um die Bedingungen der Möglichkeit häuslichen Wirtschaftens) gedacht, während Frauenarbeit als Zuarbeit oder als Sorge um das Besondere, um die eigenen Angehörigen, das eigene Haus erscheint. In Verwandtschaftssystemen werden Rechte von Männern über ihre weiblichen Verwandten definiert, jedoch nicht Rechte der Frauen über sich selbst oder über ihre männlichen Verwandten. Soziale Statussysteme definieren viele Positionen für Männer, deren Merkmale nichts mit den evtl. Beziehungen des Mannes zu Frauen zu tun haben (Jäger, Krieger, Staatsmann); hingegen steht die Statuszuordnung von Frauen fast immer in Zusammenhang mit ihrer Beziehung zu Männern. Trotz der realen gegenseitigen Ergänzung der Arbeitsbereiche von Frauen und Männern gibt es nicht zwei sich ergänzende Wertrangordnungen, sondern nur eine, die die männlichen Eigenschaften höherbewertet.

Wenn wir aber die „männlichen" und „weiblichen" Eigenschaftszuweisungen und ihre relative Bewertung für unsere Kultur gut kennen, wissen wir auch, daß diese Eigenschaften immer auch fiktiv sind. In der Praxis werden Personen nicht dann dem einen oder dem anderen Geschlecht zugewiesen, wenn sie die dazugehörigen Eigenschaften unter Beweis gestellt haben, sondern umgekehrt werden ihnen die Eigenschaften unterstellt und ihr Verhalten wird bewertet nach Maßgabe ihrer Geschlechtszugehörigkeit; außerdem werden zahlreiche Ausnahmen tagtäglich akzeptiert. Dem Neuankömmling in unserer Kultur würde es wenig nutzen, zu lernen, daß Männer immer mutig und Frauen immer ängstlich sind, es würde vielmehr seine Orientierung eher verwirren. Um die geschlechtliche Sozialisation zu begreifen, müssen wir vielmehr wissen, wie Frauen und Männer in unserer Kultur identifiziert werden. Hier sind die Untersuchungen von *Kessler/McKenna* (1978) zur alltäglichen Konstruktion der Geschlechter wegweisend.

Kessler und McKenna haben eine erste Antwort auf die Frage gegeben, welche Inhalte die *Alltagstheorie der Zweigeschlechtlichkeit* hat. Sie beinhaltet: die Eindeutigkeit — jeder Mensch ist entweder weiblich oder männlich, und dies ist im Umgang erkennbar; die Naturhaftigkeit — Geschlechtszugehörigkeit muß körperlich oder biologisch begründet sein; und die Unveränderbarkeit — sie ist angeboren und kann nicht gewechselt werden, allenfalls eine Berichtigung eines ursprünglichen Irrtums ist denkbar. Im einzelnen verfolgen sie empirisch, wie alle Beteiligten im Umgang mit der Transsexualität — die an sich dieser Theorie widerspricht — bemüht sind, sie in diese Alltagstheorie einzufügen, um die Legitimität des kulturell eigentlich vollends unerlaubten Wechsels herzustellen. So müssen z. B. Transsexuelle überzeugend darstellen, daß sie immer schon sich als dem anderen Geschlecht zugehörig gefühlt haben, damit das bisherige Geschlecht als zu berichtigender Irrtum der Zuweisung eingestuft werden kann. „Neue" Transsexuelle leben in der Angst, „entdeckt" zu werden, es kommt ihnen darauf an, in allen Interaktionen als „echte", d. h. immer schon gewesene Frauen zu gelten, die niemals Männer gewesen sind. Erfahrene Transsexuelle haben oft entdeckt, daß die Alltagstheorie der Zweigeschlechtlichkeit auch für sie arbeitet: Es kommt nur darauf an, bei der ersten Begegnung selbstverständlich dem „richtigen" Geschlecht zugeordnet zu werden. Diese Erstzuordnung ist eben wegen des Glaubens an die Eindeutigkeit und Unveränderbarkeit resistent gegen „Fehler" in der Folge: Sie werden ggf. übersehen, überhört, oder in einer Weise gedeutet, die mit dem zuerst angenommenen Geschlecht vereinbar ist. Die „Arbeit" der Vereinbarung abweichender Informationen mit dem zuerst angenommenen Geschlecht wird zum weitaus größten Teil von den Interaktionspartnern geleistet, da sie nur so im gewohnten Sinnsystem bleiben können.

Der Prozeß der *Geschlechtszuschreibung* liegt einigermaßen im Dunkeln. Gefragt, woran sie erkannt haben, daß jemand ein Mann ist, nennen Erwachsene und ältere Kinder „gute Gründe" aus dem Repertoire der Stereotypen, etwa schmale Hüfte, Gang, etc. Die Hüften waren vielleicht nicht schmäler als die der Frau daneben, aber schmal genug, um dem Stereotyp nicht zu widersprechen, und dürfen daher als „guter Grund" gelten. D. h. die Zuschreibung wird nicht bewußt vorgenommen; wird eine Rechenschaft verlangt (beispielsweise um sich aus der Verlegenheit herauszureden, jemand falsch eingestuft zu haben), so wird das Erscheinungsbild oder das Verhalten ins Gedächtnis gerufen und nach Merkmalen abgesucht, die die Zuschreibung kulturell legitimieren. Diese Sorge um gute Gründe bzw. die Kenntnis der annehmbaren Gründe war bei vierjährigen Kindern noch nicht vorhanden; gefragt, warum sie ein Bild als das einer Frau oder eines Mannes einstuften, nannten sie oft „irgend etwas" Assoziatives.

Kessler/McKenna vermuten, daß die unmittelbare Geschlechtszuschreibung anhand von sprachlichen Hinweisen und solchen der körperlichen Erscheinung vorgenommen wird. Es gibt recht subtile Merkmale der Körperhaltung und Gestik, die insbesondere von *Birdwhistell* (1970) untersucht wurden, z.B. die Bewegung der Pupille beim Blinzeln, und die wahrscheinlich bei der Geschlechtszuschreibung zuhilfegenommen werden. Sicher scheint, daß die Signale, die genutzt werden, nicht bewußt und auch nicht explizit in den Stereotypen enthalten sind. Diese Signale sind nicht die Sache selbst, sie konstituieren nicht die Geschlechtszugehörigkeit, sonder lassen sie erraten.

Auf der Suche nach den konstituierenden Merkmalen haben Kessler/McKenna Bilder mit überlagerten Folien in verschiedenen Kombinationen verschiedenen Befragten vorgelegt. Die Bilder erlaubten einen kontinuierlichen Übergang von „männlichen" zu „weiblichen" Körpermerkmalen und konnten nackt oder bekleidet sein. Es stellte sich heraus, daß der Penis das einzige ausschlaggebende Merkmal war. Unabhängig von der Anwesenheit weiblicher Körper- und Geschlechtsmerkmale war eine Figur mit Penis ein Mann, aber auch ohne alle weiblichen Geschlechtsmerkmale war eine Figur ohne Penis eine Frau. Sogar die bekleidete Figur erhielt, sobald sie als männlich eingestuft war, einen Penis in Gedanken: auf die Frage hin, was an dieser mit Hose bekleideten Person geändert werden müsse, damit daraus eine Frau wird, kam die Antwort: den Penis entfernen. Es handelt sich um ein kulturelles Symbol, d. h. um den Phallus. Merkmale der körperlichen Erscheinung, die mit dem Besitz des Phallus unvereinbar sind (beispielsweise das Tragen eines Rockes) führen zur sicheren Einstufung als Frau. Es gibt aber keine positiven Merkmale, deren Fehlen zur Einstufung als Nichtfrau, also als Mann führen würden. Dies dürfte der tiefere Grund für die oft bemerkte Tatsache sein, daß es eher erlaubt ist, wenn Mädchen Dinge tun, die als „jungenhaft" gelten, als umgekehrt für Jungen Dinge zu tun, die für Mädchen vorbehalten sind. Der Phallus – der kulturell unterstellte Penis, von dem angenommen wird, daß er da sein müsse – kann verloren aber nicht gewonnen werden. Das wird auch der Grund sein, warum es wesentlich mehr Mann-zu-Frau Transsexuelle gibt als umgekehrt.

Wir sind jetzt in der Lage, zumindest einige der psychosexuellen und kognitiven Leistungen zu benennen, die Kinder während der Altersphase von 0 bis 6 erbringen müssen. Sie müssen erkennen:

1. daß sie selbst Mädchen oder Junge sind. Diese Erkenntnis wird vermutlich zusammen mit der Sprache erworben, denn sie ist so früh da, wie es zu fragen möglich ist (*Constantinople* 1979).

2. daß alle Menschen entweder weiblich oder männlich sind. Diese Erkennt-

nis scheint ähnlich früh vorhanden zu sein, denn nach *Lewis/Weinraub* (1979, S. 146) können Kinder mit 18 Monaten auch Erwachsene nach Geschlecht zu 90 % „richtig" bezeichnen. Dies ist eine nicht sehr anschauliche Zuordnung; denn das körperliche Erscheinungsbild von Erwachsenen beiderlei Geschlechts ist weitaus entfernter von dem des männlichen oder weiblichen Kindes, als diese zueinander.

3. daß bestimmte Merkmale in der Erscheinung und im Verhalten, ebenso wie bestimmte Eigennamen und Funktionen (wie Vater) die Geschlechtszugehörigkeit anzeigen. Diese Merkmale werden nie ausdrücklich vermittelt, und sie werden vermutlich erst nach und nach praktisch erfaßt. Es scheint so zu sein, daß Kleinkinder zwar eine Geschlechterdifferenzierung vornehmen, dies jedoch nach für Erwachsene nicht mehr nachvollziehbaren Zeichen tun.

4. daß der Unterschied der Genitalien, vor allem aber der Penis für die Geschlechtszugehörigkeit ausschlaggebend ist. Dies zu erkennen ist nicht einfach, da die Erwachsenen ihre Genitalien fast immer bedeckt halten, und Sexualität für Kinder nach wie vor tabu ist. Nur wenige Kinder dürfen, dies bei nur wenigen Anlässen, die Genitalien von anderen Kindern oder von Erwachsenen erforschen.

5. daß das Geschlecht unveränderbar ist, sie selbst also niemals eine andere Geschlechtszugehörigkeit haben können, als jetzt.

Dies ist ein kognitiv recht komplexes System, das zugleich das intensive Interesse des Kindes auf sich ziehen muß, geht es doch sowohl um die Erfassung der Beziehungen der sozialen Umwelt und um kognitive Ordnung, wie auch um die Erlaubnisse und Verbote für körperliche Lust und emotionale Sehnsüchte. Typischerweise werden dem Kind Informationen und Erfahrungen verweigert, die das Begreifen erleichtern würden; so würden Kinder Punkt 4 sehr viel schneller erfassen, wenn ihnen erlaubt wäre, bei neuen Begegnungen erst einmal der/m anderen in die Hose zu schauen. Die Verbote, die dies verhindern, haben nicht nur mit der Sexualverdrängung zu tun. Wahrscheinlich wird die Aufmerksamkeit für die unter Punkt 3 angesprochenen Merkmale geschärft durch den Zwang, indirekt herauszubekommen, mit welcher Sorte Mensch man es zu tun hat.

Einiges spricht dafür, daß vor der Aneignung dieses kulturellen Systems der Zweigeschlechtlichkeit eine Verwischung von zuvor vorhandenen Orientierungsmöglichkeiten stattfindet. Interessant ist immerhin, daß Kinder im Alter von 9 Monaten bis 1 1/2 Jahren Bilder von Säuglingen unterschiedlich lange anschauen, je nachdem, welches Geschlecht es hat. Erwachsene sind nicht in der Lage, das Geschlecht des Säuglings auf dem Bild zu erkennen (*Lewis/Weinraub* 1979). Vorschulkinder konnten in der Untersuchung von *Kessler/McKenna* (1978) häufiger als ältere Kinder das beabsichtigte Geschlecht einer Zeichnung eines gleichaltrigen Kindes erraten. Diese Hinweise schaffen nicht sehr viel Klarheit, ob und wie es eine „natürliche" Fähigkeit der Geschlechtszuordnung gibt. Eine solche Zuordnung, wenn sie stattfindet, muß nicht die kulturell verlangte Eindeutigkeit und Konstanz aufweisen; vielleicht nimmt die noch nicht kulturell geschärfte Wahrnehmung des Kleinkindes ein Kontinuum wahr und findet nur einen Teil der Kinder, die wir demselben Geschlecht zuordnen, sich selbst ähnlich bzw. diffus interessant, anschauenswert.

Wie dem auch sei, Kinder erwerben mit der Sprache die Fähigkeit, sich korrekt dem Geschlecht nach zuzuordnen, müssen aber mehrere Jahre lang daran arbeiten, die von Erwachsenen benutzten Signale für die Geschlechtszuweisung sicher zu erkennen. Erst am Ende der Altersphase 0 – 6, zum Teil erst mit 7 oder 8, haben Kinder die Alltagstheorie der Zweigeschlechtlichkeit voll übernommen, die ja schließlich – beim Wort genommen – zu der Praxis der Geschlechtszuschreibung in Widerspruch steht (denn es ist nicht erlaubt, die biologischen Merkmale anzusehen, die angeblich ausschlaggebend sein sollen). In der Zwischenzeit behelfen sie sich mit der entschlossenen Behauptung aller für sie erfaßbaren Stereotypen. Dabei sind die Stereotypen, die von Vorschulkindern behauptet werden, „äußerlicher" als die älterer Kinder: sie betreffen Aussehen, Beruf, Spielzeug und Spiel; und sie werden mit Ausschließlichkeit behauptet: nur Männer können Bus fahren, nur Frauen können kochen – dies auch wenn die eigene Familie Gegenbeispiele bietet. Es handelt sich ja dabei um die behelfsmäßige Konstruktion der Zweigeschlechtlichkeit. Gleichzeitig wird vor der kognitiven Komplexität ausgewichen, indem die Vergewisserung der Zuordnung handelnd vorgenommen wird, durch Affinität mit schon erkannten Gleichgeschlechtlichen, deren Nähe und Gesellschaft gesucht und deren Verhalten nachgeahmt wird.

Unter dem Stichwort „kognitive Sozialisation" ist darauf hingewiesen worden, daß Mädchen und Jungen, nachdem sie die eigene Geschlechtszugehörigkeit erkannt haben, sich selbst in Richtung auf geschlechtstypische Eigenschaften sozialisieren. Dies erspart die Suche nach Belohnungen und Strafen für die Annahme der Geschlechtsrollen; stattdessen wird davon ausgegangen, daß Kinder eine eigene Motivation haben, denen ähnlich zu werden, die ihresgleichen sind. So einleuchtend dies auch ist, es ist zugleich sehr viel Verwirrung gestiftet worden, weil die Vertreter der Theorie das, was Kinder erst lernen müssen, selbst nicht bewußt erkennen, sondern als diffuse Natur voraussetzen. Der Erwerb der Geschlechteridentität wird in naiver Parallelität mit der allgemeinen Naturerkenntnis als das Begreifen eines Prinzips physikalischer Konstanz betrachtet (*Kohlberg* 1974). In Anlehnung an Piaget wird dann gefolgert, daß solche Prinzipien erst im Alter von ca. 6 Jahren kognitiv erfaßt werden können. Wir hingegen können jetzt anhand der differenzierten Analysen des kulturellen Systems der Zweigeschlechtlichkeit sehen, daß die physikalische Konstanz lediglich die Voraussetzung für die Aneignung der Alltagstheorie der Geschlechter ist. Die Chiffrierung der Geschlechtszugehörigkeiten in Begriffen der Naturgesetzlichkeit – Biologie und ihre Konstanz – läßt sowohl die tatsächliche Basis der Geschlechtszuweisung wie auch kulturelle und politische Hierarchien endgültig aus dem Bewußtsein absinken. Geschlecht als konstante Natur zu begreifen, besiegelt die Verdrängung der Anstrengungen, es zu erkennen, der kindlichen Sexualforschung. Das wird deutlich wenn man bedenkt, daß die schlichte Erkenntnis: wer einen Penis hat, ist männlich, durchaus dem kognitiven Stand eines Dreijährigen zugänglich wäre. Jedoch ergab selbst eine Untersuchung mit schwedischen Kindern (im Alter von 3 bis 10), daß weniger als 20 %, d. h. vor allem die älteren Kinder, eine klare Einsicht in den Zusammenhang zwischen Genitalien und Geschlechtszugehörigkeit äußerten (*McConaghy* 1979). Denn diese Einsicht muß auf der Basis kultureller Zeichen vielfältiger Art entstehen: Der Penis ist nicht nur er selbst, sondern zugleich etwas, dessen Vorhandensein aufgrund dieser Zeichen vorausgesetzt werden darf, also Symbol, Phallus. Die Gewißheit, daß man trotz veränderter Kleidung und Verhalten sein Geschlecht nicht ändern kann, ist nicht unmittelbar am Körper verankert, sondern vermittelt über die Kenntnis der Kleidung und des Verhaltens, die tatsächlich die Geschlechtszuweisung auslösen.

Das brennende Interesse der Kinder an der Zweigeschlechtlichkeit wird nicht erst durch die Annahme der Alltagstheorie ausgelöst, eher dadurch zu einem gewissen vorläufigen Abschluß gebracht. Denn das symbolische System umfaßt viel mehr. Auch für unsere Gesellschaft gilt, was *Ortner/ Whitehead* (1982) allgemein bemerken, daß *Statushierarchien* jeder Art *erotisiert* werden; d. h. auch andere Beziehungen der Ungleichheit sind mit der Werthierarchie der Geschlechtlichkeit verkodet. Die unbewußte Erotisierung der Eltern für das Kind ist nur ein — wenngleich frühkindlich sehr zentrales — Beispiel hierfür (was die Theoretiker des „Anti-Ödipus" ins Bewußtsein zu bringen versuchen). Umgekehrt entsprechen den subtilen Prozessen der Geschlechts*zuweisung*, von denen Kessler und McKenna sprechen, natürlich ebenso subtile Prozesse der Geschlechts*darstellung*: man *ist* nicht nur Mädchen oder Junge, sondern muß als solches erkannt werden können. Gerade Kleinkinder stoßen sich oft schmerzlich daran, daß sie verkannt werden können. Schließlich ist die Zweigeschlechtlichkeit gerade in der Komplexität ihrer symbolischen Darstellung die *Grammatik der Begierden*. Eine „reine" Autoerotik existiert wohl allenfalls als Symptom des Hospitalismus; Hoffnungen auf Lust, Erregung, Zärtlichkeit, ausgelassene Freude, Abenteuer, Geborgenheit müssen in der Grammatik der Geschlechtlichkeit bewußtseinsfähig werden, um überhaupt konkret zu sein. Jeder einzelne Strang dieses Komplexes würde ausreichen, um zu verstehen, daß Mädchen und Jungen den für ihr Geschlecht „angemessenen" Sozialcharakter aufmerksam aus ihrer gesamten sozialen und kulturellen Umwelt herausheben und notfalls auch im Gegensatz zu dem „Vorbild" der eigenen Eltern sich aneignen.

So gesehen erscheinen die Geschlechterstereotypen etwa während der ersten acht Lebensjahre harmlos, vergleichbar vielleicht mit den Handgreiflichkeiten von Kleinkindern: andere, differenziertere Formen der Auseinandersetzung sind ihnen noch nicht zugänglich, aber mit der Zeit verschwände das schon von allein. Die Entwicklung von Mädchen in die Schulzeit hinein scheint dem zu entsprechen. Man wird z. B. oft erleben, daß ein kleines Mädchen — vielleicht unmittelbar nachdem es von Dritten mehrmals als „Junge" angesprochen wird — heftig nach langen Haaren und Röcken verlangt; oft sind zum Entsetzen der nüchtern-modernen Mütter auch Schleifen, Rüschen, Schmuck und Schminke Ziel leidenschaftlicher Wünsche. Etwa um die Zeit der Einschulung oder danach lassen diese Wünsche nach. Einerseits ist dem Mädchen die kulturell-körperliche Unveränderbarkeit ihrer Geschlechtszuordnung zur Gewißheit geworden, andererseits hat sie sich subtilere Formen der Darstellung angeeignet: eine gewisse Art zu lächeln etwa, wenn die Jungen Quatsch machen, genügt schon, um mitzuteilen, daß sie ein Mädchen ist; die äußerlichen Requisiten werden überflüssig.

Bemerkenswert ist aber, daß die Jungen nicht mit der Abgrenzung, der Demonstration von Requisiten und der Behauptung von Stereotypen nachlassen. Kohlbergs Theorie der kognitiven Sozialisation wurde ja anhand einer Längsschnittuntersuchung, in die er ausschließlich männliche Kinder einbezog, entwickelt (vgl. *Gilligan* 1979). Daher konnte er beobachten, daß nach dem Begreifen der „Geschlechterkonstanz" das Bemühen, sich dem Idealtyp des Geschlechts anzugleich bzw. seine Männlichkeit unter Beweis zu stellen, zunahm. Dies traf aber für Mädchen nicht zu (jedoch hat dies die Theorie nicht beeinflußt, da Kohlberg bis zur Ausarbeitung seiner Theorie die Existenz von Mädchen ignorierte). Mir scheint, daß nur psychoanalytische Gedankengänge bislang hier weitergeführt haben.

3. Von der Ohnmacht der Frauen und der Allmacht der Mütter

Zwei Annahmen geistern durch die Sozialisationstheorie, die ein tieferes Verständnis der Geschlechtscharaktere erschweren: die Annahme, daß männliche Dominanz durch eine Besserstellung von Geburt an entstanden sei (Überlegenheit kann nur aus Vorteilen erwachsen); und die Annahme, daß die Mutter das Schicksal des Kindes bestimme. Zum überwiegenden Teil hat die psychoanalytische Theoriebildung diese Annahmen genährt und darüber hinaus auf die vollständige heterosexuelle Kleinfamilie fixiert — von der Tradition des Vorurteils gegen Frauen ganz zu schweigen. Jedoch haben in den letzten zehn Jahren eine Anzahl kreativer und eigenständiger Theoretikerinnen Wege gefunden, unter souveräner Ausschöpfung wesentlicher Einsichten der Psychoanalyse an einer Theorie der Entwicklung der Geschlechtscharaktere zu arbeiten. Ich werde im folgenden versuchen, diese Gedankengänge aufzugreifen, um die unterschiedliche psychische Entwicklung von Mädchen und Jungen zu skizzieren. Die Kennzeichnung „psychoanalytisch" ist hier sehr weit zu verstehen, und es soll nicht versucht werden, die neueren oder auch älteren Auffassungen darzulegen. Es wird hier um die Qualität der frühen Beziehung zu Mutter und Vater und deren Folgen für Beziehungen zu Frauen und Männern und zu sich selbst gehen, um das Schicksal der Sexualität, um Verdrängung und Abwehr. Ich meine, daß nur auf dieser Ebene die „psychische Sogwirkung" der herkömmlichen Frauenrolle verstehbar wird.

Selbst wenn wir annehmen könnten, daß die Erwartungen, mit denen die Eltern das Neugeborene begrüßen, für Mädchen und Jungen völlig gleich wären, so wäre die Ausgangslage der Kinder je nach Geschlecht grundlegend verschieden. Denn aufgrund der asymmetrischen Geschlechterverhältnisse in der Gesellschaft ist die Person, die dem Kind Lust, Geborgenheit, Anerkennung und Befreiung vom Leid verschafft, in dem einen Fall desselben, im anderen Fall des anderen Geschlechts, d. h. auf jeden Fall eine Frau. In diffuser Einheit mit der Mutter erlebt der Säugling zunächst Entbehrung und Befriedigung, Schmerz und Lust, und vieles spricht dafür, daß dies sehr tiefe und intensive Erfahrungen sind, zumal keine Möglichkeiten der Relativierung (in fünf Minuten kommt sie ja!) verfügbar sind. Allmählich beginnt das Kind, sich psychisch abzutrennen und für sich selbst Ich zu werden, während die Person, die seine Bedürfnisse erfüllt, Du wird. *Benjamin* (1980) betont, daß dies ein dialektischer Prozeß von Gleich-sein und Anders-sein ist, wovon die Psychoanalyse meist nur die Seite der Abgrenzung betont hat, während die dialogische Ich-werdung, die ursprünglich in Beziehung zu einem Du steht, kaum thematisiert worden ist. Rufen wir in Erinnerung, daß während dieser Zeit zugleich auch die Sprache erworben und die eigene Zuordnung im Geschlechtssystem erkannt werden.

Choderow (1978) argumentiert überzeugend, daß schon dieser Differenzierungsprozeß anders für Jungen und für Mädchen abläuft. Die Mutter lebt — mit welcher Haltung auch immer — im symbolischen System der Zweigeschlechtlichkeit und erlebt den Sohn als das andere Geschlecht. Dies vermittelt sie ihm, indem sie ihn eher dazu drängt, sich gegen sie zu behaupten. Wohlbemerkt gibt es dafür sehr verschiedene Möglichkeiten: Sie kann ihm mehr durchgehen lassen deshalb, oder aber auch ihm sein unschuldigstes Tun als böswillig auslegen und ihn häufiger zurechtweisen. Die im 2. Lebensjahr auftretende Beschäftigung des Jungen mit seinem Penis wird mit Ambivalenz behandelt — er ist zugleich sexuelles Wesen kraft des Penis und bloßes Kleinkind/Neutrum. Auch wenn die Mutter das sexuelle Potential des Penis für sich eher ablehnt, wird sie ihn nicht als belanglos und unbedeutend empfinden. So wird der Prozeß der Ich-werdung des Jungen als Abgrenzung gegen die erste Bezugsperson erfahren und sexualisiert.

Für die Mutter besteht hingegen keine Notwendigkeit, der Tochter zu vermitteln, daß sie etwas anderes ist; ihre psychische Abtrennung wird im günstigen Fall von der Mutter angenommen, aber nicht vorangetrieben. Das dialogische Moment tritt eher in den Vordergrund, aber die Tendenz besteht auch, die Grenze eher schwimmend zu belassen. Man kann diese Differenz auch von der Seite des Mißlingens her sehen: Nach welcher Seite hin wird eine mißglückte, unzureichende Differenzierung ausschlagen? Beim Sohn wird dies, so schließt Choderow aus klinischen Berichten, eher in die Richtung eines zu starken Drängens in die Abgrenzung geschehen, entweder indem er verstoßen wird, oder indem er zum Ersatzpartner genommen und so gebunden wird. Bei der Tochter hingegen liegen die Probleme meist in der Vereinnahme, im Verbot der Abgrenzung, so daß die Grenzen zwischen Tochter und Mutter verschwimmen. Aber auch eine liebevolle, gelungene Bewältigung dieser Phase wird unterschiedlich verlaufen. Dem Sohn werden Größenwahn und Trotz zugestanden, und die Mutter zögert einzugreifen, weil sie letztlich doch nicht weiß, wie weit sie sich wirklich in ihn hineinversetzen kann: Vielleicht ist es besser, ich lasse ihn, wie er will. Mit der Tochter wird im günstigen Fall eher eine Beziehung angestrebt, in der jeder Teil sich in den anderen hineinfühlt − wobei die Mutter gezielter daran arbeiten kann, weil sie sicherer ist, die Tochter zu verstehen (ob das objektiv zutrifft, ist hier ohne Belang; sie greift mit mehr Sicherheit vor und ein, weil sie zu verstehen glaubt, und erwartet mehr Verständnis vom Kind.) Schließlich wird die Herausbildung eines eigenen Ich bei der Tochter nicht mit unbewußter sexueller Bedeutung besetzt − unabhängig davon, ob die Mutter heterosexuell oder lesbisch ist. Ob die Mutter eigene Sexualverdrängung im generellen Berührungsverbot äußert („Ich habe ihr gesagt, sie soll sich niemals da unten anfassen und niemals zulassen, daß jemand anders da drangeht!") oder ob sie die Entdeckung der Klitoris durch die Tochter als „natürlich" akzeptiert, die Geschlechtsteile haben keinen wesentlichen Anteil an der Verselbständigung und werden weniger beachtet. Denn nicht der Besitz der weiblichen Geschlechtsorgane sondern die Abwesenheit des Penis signalisiert die Geschlechtszugehörigkeit.

Die Unterschiedlichkeit in den Wegen zur Ichbildung prägt die weitere Entwicklung.

„Im Alter von drei bis fünf setzt sich der Junge vor allem mit dem Problem der Macht (er kämpft offen um seine Omnipotenzphantasien) und der Verbotsübertretung (die ihm ein Triumphgefühl verleiht, das keine Mißbilligung, Wut oder gar Strafe ihm vermiesen kann) auseinander. Das Mädchen setzt sich am heftigsten mit einer Abgrenzung von der Mutter auseinander: sie kämpft um die Autonomie. Dabei erringt sie oft ein stolzes Gefühl eher durch die Verinnerlichung von Verboten, indem sie schon von alleine weiß, aufpaßt, andere Kinder zurechtweist, verständig ist. Die Autonomie ist immer nur relativ, kann im nächsten Augenblick scheitern, wenn die Schwierigkeiten und Bedrohungen der Umwelt und des Losgelöstseins vom Schutz der Mutter ihr zu viel werden. Das Hochgefühl gelungener Selbständigkeit scheint viel angreifbarer zu sein, kein Sieg, sondern immer nur ein momentanes Gefühl." (*Hagemann-White* 1979, S. 71).

Im schwierigen Verlassen der geschützten Hilflosigkeit des Säuglingsalters werden bereitstehende Erwachsene notgedrungen zur Zielscheibe massiver Wut-, Haß- und Rachegefühle und zum Gegenstand von Wunschfantasien, in denen sie ihre Macht für das Kind verfügbar machen, sozusagen als Flaschengeist eingesperrt werden können. Nun ist es aber von weitreichender Bedeutung, daß in einer patriarchalischen Gesellschaft diese Rolle faktisch wie symbolisch spezifisch Frauen zugewiesen wird.

Es ist hier kaum möglich, die Tiefe und Breite wiederzugeben, mit der *Dinnerstein* (1977) die in Erwachsenen weiterlebenden kindlichen Gefühle gegenüber der Mutter als erste Bezugsperson schildert:

— Die Mutter ist das erste Du gegenüber unserem Ich, das erste eigenständige Subjekt, dessen Wille dem unseren entgegengestellt wird. Wir erleben sie in frühester Kindheit als allmächtig; aber da die frühkindlichen Wünsche unbändig und unrealistisch sind, erleben wir sie auch als eine Macht, die uns leiden läßt und sich willkürlich verweigert.

— Die Mutter begleitet unsere ersten Schritte zur Eigenständigkeit: sie hat die Macht, sie zu fördern oder zu verbieten, ihre Anerkennung spiegelt uns unsere Erfolge zurück, aber sie ist auch Zeuge unserer vielen Niederlagen. Für die Selbständigkeit des Kindes ist es unerläßlich, sich gegen den Willen der Mutter zu behaupten, weil nur so die Gewißheit entsteht, daß es wirklich eigene Fähigkeiten und Stärken hat, nicht solche, die von ihrer Unterstützung abhängen. Dieser Kampf findet aber am Rande des Abgrundes statt, denn die Mutter ist noch unendlich stärker. So entsteht die Sehnsucht, den Schutz und die Macht der Mutter zu besitzen (Flaschengeistfantasie/Hausfrauenehe).

— Die Mutter ist schließlich jahrelang die, die besser wußte, die schon gewarnt hat, daß es schiefgehen wird, wenn wir unseren Kopf durchsetzen — und hatte nicht selten recht. Das erzeugt Rachegefühle; da sie vorhergesehen hat, was passieren würde, ist sie auch schuld daran — und sie ist auch schuld, wenn sie nicht gewarnt hat.

Die Summe dieser aus früher Kindheit stammenden leidenschaftlichen Gefühle sind drei Wünsche: der Mutter zu entrinnen und völlig frei zu sein, sie zu beherrschen und sie zu bestrafen. Diese Gefühle werden in der Konfrontation mit dem Vater — selbst dann, wenn er herrschsüchtig ist — nicht auf gleiche archaische Weise hervorgerufen. Auch als Gegner ist er von vornherein ein anderer, nicht die Person, in der meine Ichgrenzen verschwimmen könnten, die mich psychisch überwältigen kann. Selbst wenn Männer mithelfen bei der Kinderpflege ist die Zuständigkeit und die Macht der Bedürfnisbefriedigung kulturell der Frau auf den Leib geschrieben. Dinnerstein betont nun, daß das Vorhandensein eines solchen zweiten Geschlechts, dessen eigentliche Provinz „draußen in der Welt" ist, die Beibehaltung der unverarbeiteten infantilen Gefühle gegenüber der Mutter ermöglicht. Statt uns mit der Begrenztheit der möglichen Wunschbefriedigung wirklich auseinanderzusetzen, können wir die Fantasie der vollständigen Beglückung durch eine unendlich liebende dienstbare Frau aufbewahren. Statt den schmerzhaften Weg in die Selbstverantwortlichkeit haben wir den Ausweg der Spaltung: Solange ein Mann über uns bestimmt und keine Frau, ficht mich die Herrschaft in meinem Kern nicht an — und leichter als selbst verantwortlich zu sein ist es allemal. Auch infantile Haß- und Rachebedürfnisse können unverändert, weil abgespalten gelebt werden: daß eine Frau diese Gefühle provoziert haben könnte, wird allgemein eingesehen.

So ist gesellschaftlich gesehen gerade die Befreiung der Männer von der Last der Reproduktionsarbeit, ihr höherer Status, für wichtigere Dinge als Flaschen und Windeln zuständig zu sein, also kurzgefaßt ihre objektive Macht der Grund, warum innerpsychisch die Idee der unendlichen und überwältigenden Macht der Mütter erhalten bleiben kann. Die Macht der Mütter ist im genauen Sinne eine ideologische Verkehrung. Indem infantile Gefühle darin konserviert und gebunden werden, läßt sie sogar eine extrem männliche Herrschaft als rational, begrenzt und erträglich erscheinen verglichen mit dem unbewußten Bild der irrationalen, grenzenlosen Willkürherrschaft, die eine Frau symbolisiert.

Die Folgen dieser Sachlage für die unterschiedliche Entwicklung von Mädchen und Jungen sind vielfältig. Zum einen wird die Auseinandersetzung mit der Mutter dadurch schwieriger; ihre tatsächliche Ohnmacht erscheint ja als verweigerte Macht.

„In dem Maße, wie die Mutter die Hauptbezugsperson des Kleinkindes ist, vermittelt sie dem Kind die Erfahrung, daß sie Undurchsichtiges, Vorentschiedenes ihm entgegenhält; sie scheint zu verstehen und handelt trotzdem entgegengesetzt . . . " (*Hagemann-White* 1979, S. 61).

Für den Sohn ist dies ein mächtiges Motiv, sich mit männlichen Macht- und Autoritätsfiguren zu identifizieren: nicht nur, weil sie „auch Männer" sind, wie Kohlberg meint, sondern weil herrschende Männer Aussichten hätten, die Macht der Mutter zu entkräften. Für die Tochter erscheint die Kontrolle der Mutter eher als unentrinnbar, deren Schutz aber als unsicher. Vor allem dann, wenn die Kinder allmählich anfangen könnten, auf eigene Faust loszugehen und die Welt für sich zu entdecken, werden die Grenzen der Macht der Mutter − die um ihre Tochter Angst hat − in der Form von Machtsetzungen, d. h. Verbote verschleiert. Erwachsen zu werden wird dem Mädchen nicht in der gleichen Weise als unausweichlich dargestellt wie dem Jungen. Für den Wunsch, die Mutter zu beherrschen, hat sie keine Möglichkeit der Identifikation, sondern kann allenfalls hoffen, den Vater oder mächtige Männer für sich einzunehmen. Und der Wunsch, die Mutter zu bestrafen, fällt je nach Geschlecht des Kindes unterschiedlich aus: Der Junge kann diese aggressiven Wünsche nach außen wenden, wenn er sie auf eine andere, etwas weniger bedrohliche Frau überträgt (manchmal sogar direkt gegen die Mutter); das Mädchen muß diese Wünsche in der Tendenz gegen sich selber wenden.

4. Der männliche und der weibliche Ort: Strukturunterschiede in der Aneignung der Zweigeschlechtlichkeit

Die in der eigenen Kultur geltende symbolische Ordnung von Zweigeschlechtlichkeit anzueignen bedeutet, sie als Medium der Verständigung über Identität zu nehmen, sich selbst in dieser Ordnung zu orten. Unabhängig von der konkreten Haltung der Bezugspersonen zu den Normen und Erwartungen, die sich auf diese Ordnung beziehen, ist eine Selbstzuordnung als Mädchen oder Junge die Voraussetzung von Identität überhaupt. Die Aneignung des symbolischen Systems muß strukturell verschieden sein, je nachdem, ob das

Subjekt dieser Aneignung den eigenen Ort als männlich oder weiblich annimmt. In dem Prozeß der Aneignung des Systems und nicht in den Merkmalen von Personen werden wir die Entstehung von Geschlechtsunterschieden suchen müssen.

Um den Zusammenhang zwischen der unterschiedlichen Bedeutung der Primärbeziehungen, dem kulturellen System der Zweigeschlechtlichkeit, und einzelnen Befunden der empirischen Forschung herzustellen, wird im folgenden versucht, zuerst die psychische Entwicklung des Jungen, dann die des Mädchens bis zur Pubertät zu skizzieren; anschließend werden Bedeutung und Folgen der Pubertät selbst für Mädchen besprochen.

Die allererste Ichbildung des Jungen wird in Abgrenzung gegen die Mutter vollzogen. Wie das Mädchen verbindet er die Macht der Mutter mit archaischen Gefühlen von Lust, Wohlsein, aber auch Scham, Abhängigkeit und Wut; hinzu kommt aber noch Angst vor Verlust der Grenzen. Diese Furcht vor Wiederverschlingung, vor einem Rückfall in die diffuse Einheit mit der Mutter, bedroht beim Jungen seine Geschlechtsidentität, ist daher mehr als eine Angst vor dem Scheitern der Selbständigkeit. Zudem läßt ihn das noch nicht voll begriffene kulturelle System der Zweigeschlechtlichkeit ahnen, daß es nicht genügt, den Penis einfach zu haben; man muß als Mann wirken, dem der Phallus zusteht. In der Sexualisierung der Ichabtrennung war angelegt, daß die Geschlechtlichkeit des Jungen sich irgendwie auf Frauen bezieht; aber zu große Nähe zur Frau bedroht sie zugleich.

Das Ich des Jungen erscheint in der Altersphase drei bis fünf labiler, von mehr Angst und Unsicherheit vor Überwältigung oder Geringschätzung, und von mehr ausbruchartiger Aggressivität als beim Mädchen. Mit der Labilität sind aber harte Geduldsproben für die erziehende Person verbunden, die leicht zum eigenen Aggressionsausbruch, zum Schlagen reizen. *Theweleit* (1978) hat für den extremeren Fall des soldatischen Mannes nachgezeichnet, wie der Schmerz die unsicheren Ichgrenzen ersetzen kann, während die Furcht vor Auflösung erhalten und mit der Frau symbolisch verbunden bleibt. Elemente hiervon sind wahrscheinlich in den Interaktionen von Jungen mit ihren Müttern häufig: Wie der Junge seine Angst vor dem Rückfall in undifferenzierte Abhängigkeit überspielt, trotzt, kämpft, und nicht selten für die Mutter Verachtung demonstriert, reizt er sie dazu, ihn mit ihrer körperlichen Überlegenheit, mit Schlägen in die Grenzen zu verweisen, die ihm gerade unsicher sind. Noch häufiger greifen Väter zu Schlägen, vielleicht weil ihnen selbst unerträglich ist, daß der Sohn so lange infantil — der Weiblichkeit nahe — bleibt. Damit werden aber die Körpergrenzen nicht nur durch angenehme Empfindungen, sondern auch durch Schmerzen bestätigt. Dies bereitet eine größere Bereitschaft vor, sich in Box- und Ringkämpfe zu stürzen, um die gegenseitige Anerkennung unter Gleichaltrigen zu erfahren. So wird auch die Angst, sich weh zu tun, geringer: Aufgescheuerte Knie können dann in Kauf genommen werden.

Diese Überlegungen würden es nahelegen, ein höheres Maß an aggressivem Verhalten bei Jungen im Alter von zwei bis sechs als die logische Folge von zwei gesellschaftlichen Sachverhalten zu betrachten:

1. daß die primäre Pflege des Kleinkindes als Pflicht und Macht der Frau zugeteilt ist, und
2. daß der Mann mit der Industrialisierung sich zunehmend aus der Welt des Kleinkindes herausgesetzt hat. Mit seinem gesellschaftlichen Wesen ist er woanders, unsichtbar.

Die Geschlechtsidentität des Jungen muß sich also durch Abgrenzung und Negation bestimmen, und kann und darf sich durch Herabsetzung der Frau/der Mutter entwickeln.[9] Während dieser Entwicklungsphase erfährt allerdings die Aggressivität eine allmähliche Funktionsveränderung; es werden Formen gefunden und geübt, die Erfolgserlebnisse vielfältiger Art vermitteln, und das aggressive Verhalten des Schuljungen wird schon recht häufig gezielt um des Erfolges willen, nicht mehr als blinder Wutausbruch gegen eine bedrohliche Übermacht eingesetzt.

Eine weitere, folgenschwere Auswirkung der Struktur des männlichen Ortes im kulturellen System ist die Vermittlung der Männlichkeit durch doppelte Negation. Wir haben gesehen, daß Frauen kulturell durch das Fehlen des Penis definiert werden: Frau ist, wer kein Mann sein kann. Eine Frau ist Nicht-Mann. Dem Jungen aber wird seine Männlichkeit zunächst durch Abgrenzung von der Mutter vermittelt; und diese ihm am nächsten stehende Erwachsene ist das, was er nicht sein darf, um ein Mann zu werden. So wird sein Geschlecht als Nicht-Nicht-Mann bestimmt. Das ist kein bloßes Sprachspiel. Der Junge hat z. B. praktisch keine Gelegenheit, hervorragende Beispiele von männlichem Mut zu erleben. Ergreift er nun die Stereotype „Frauen sind ängstlich", so wird ihm Ängstlichkeit zum Beweis, daß jemand kein Mann ist. Um sich und anderen zu beweisen, wie männlich er ist, wird er sich nun als „nicht-ängstlich" vorstellen. Vielleicht faßt er demonstrativ eine Spinne an. Oder er handelt töricht, um zu zeigen, daß er keine Angst hat. Dies ist die Praxis der doppelten Negation. Positive Aneignung von Männlichkeit würde erfordern, daß der Junge sich an einen Mann anlehnt, der ihm deutlich Männliches (was immer wir darunter verstehen mögen) vorlebt. Das wäre dann möglich, wenn Väter in gleichem Maße für das Kind wirklich da wären. Das würde aber wiederum voraussetzen, daß die Polarisierung der Geschlechter aufgebrochen wird, so daß Mut und Angst dann nichts mehr mit einer Geschlechterhierarchie zu tun hätten. Männlichkeit hätte dann einen gänzlich anderen Inhalt. Durch gutes Zureden, daß die Männer in ihrer Freizeit mit ihren Söhnen spielen (oder auch: im Wald zelten) sollen, wäre die Grundstruktur der doppelten Negation nicht zu verändern.

Zur inhaltlichen Ausgestaltung der Männlichkeit wendet sich der Junge gegen Ende der Kleinkindzeit an andere Jungen. Durch die Institution Schule wird die Gruppe der Gleichaltrigen besonders sichtbar; Jungen spielen aber nach einer Untersuchung von Lever mehr als Mädchen in altersheterogenen Gruppen (*Gilligan* 1979, S. 434). „Peer group socialization" wird eher durch den gemeinsamen Status – Kindheit und Geschlecht – als durch Jahrgangsgleichheit definiert. Man kann in der Praxis unschwer beobachten, wie die

Gruppe der Jungen eine Eigendynamik entwickelt. Über ihre psychologische Wurzeln ist nicht allzuoft nachgedacht worden. Gemeinsam fühlen sich die Knaben stark genug, um Dinge anzustellen, die die Väter verbieten würden oder auch verboten haben (wobei Väter nun im weiteren Sinne die patriarchale Autorität bezeichnet); und in der Gruppe können sie sich stärker als die Mutter zeigen, indem sie sich ihr entziehen. Eine wichtige Bindung scheint über den „imaginierten Vater" zu laufen: die gemeinsame Vorstellung von Männlichkeit etwa in geteilter Begeisterung für Superman, Rummenigge o. ä. Die Gruppe bietet sowohl die praktische Chance, Befriedigung in der Freiheit von Erwachsenen-Normen und Kontrollen zu suchen, wie auch die psychische Chance, Unterstützung und Anerkennung in weiteren Schritten zur Selbständigkeit zu finden, ohne daß die Erinnerung an frühe Niederlagen und an die Hilflosigkeit des Kleinkindes wachgerufen wird. In diesem Sinne kann die Bande die Mutter ablösen.

Da in geschlossenen Gruppierungen wie beispielsweise der Schulklasse der Anschluß an die Gruppe der Jungen für alle wichtig ist (bzw. der Ausschluß mit Spott oder Prügel zusätzlich belegt sein kann) wird das Bedürfnis nach Abgrenzung von Mädchen/Frauen für *alle* Jungen bestimmend, auch wenn sie individuell z. T. weniger davon tangiert sind. So werden für wichtig erachtete Bereiche, Spiele, Sportarten als „nur für Jungens" bestimmt und Mädchen davon ausgeschlossen. Zugleich wird Männlichkeit begriffen als etwas, was sich auf Frauen bezieht; der einfache Ausschluß reicht nicht, es wird auch die Berührung gesucht. Die Form, die diese dann annehmen kann, hat Jessica *Benjamin* (1980) unter dem Stichwort „rationale Gewalt" erläutert: Die Spannung zwischen Abgrenzung und Angewiesensein kann in einer Verletzung der Grenzen des Anderen Ausdruck finden. Anstelle des Ringens um gegenseitige Anerkennung beider Subjekte (etwa im Sinne Hegels) ermöglicht Gewalt eine Berührung, die sich vor allem abgrenzt, anders und überlegen bleibt. Rational ist sie, indem sie selbst die eigene Grenze setzt (ohne die ja die Zerstörung und wiederum der Verlust des Anderen erfolgen würde, oder der Widerstand und die Notwendigkeit, das Subjekt des Anderen anzuerkennen). Als gesellschaftlich vorgegebener Ausdruck der Männlichkeit wird die „rationale Gewalt" schon am Anfang der Grundschulzeit von der Jungenbande probiert: gemeinsam werden einzelne Mädchen gejagt, dem Mädchen wird die Hose heruntergezogen, ihr wird die spätere Ehe oder die baldige Vergewaltigung angekündigt; und selbst bei der künftigen Ehe sind es typischerweise mehrere Jungen, die gleichzeitig ein Mädchen zum Objekt ihrer Verfolgung machen. Um die Jungenbande in die Flucht zu jagen, genügt allerdings ein Mädchen, das von sich aus zu küssen droht: Berührungen mit dem Weiblichen müssen von männlicher Seite initiiert/kontrolliert sein.

Zahlreiche Beobachtungen weisen dahin, daß Jungen unausgeglichener, in ihrer Geschlechtsidentität unsicherer sind als Mädchen; selbst ihr Körperwachstum verläuft in Sprüngen und Schüben, und sie können mit ihren Aggressionen, aber auch mit ihrer Motorik schlechter umgehen, haben sich weniger „im

Griff". *Hunt* (1980) entwickelt die These, daß diese relativen Nachteile unter anderem deswegen zu späterer Dominanz gewandelt werden, weil sie die Basis für einen überzogenen Antrieb zur Konkurrenz, zur Leistung und zur aggressiven Selbstbehauptung bilden. Wir sahen schon, daß die Schule hier Hilfestellung leistet; doch obwohl die pädagogische Absicht die beste ist, behält die erfolgreiche Männlichkeit im Kern Abwehrstruktur. Das schulische Lernen wird gemeistert (für die begünstigten Jungen), indem es in die psychischen Formen von Abgrenzung und Selbstbehauptung integriert wird, sodaß Schulleistungen für die älteren Jungen symbolisch schon sehr viel mehr bedeuten, als die Freude des Lernens und des Könnens. Oder aber es wird verweigert, und auch dies wird, wie *Willis* (1977) ausführlich zeigt, sexualisiert und als Chiffre für Männlichkeit schlechthin genommen. Der relative Nachteil der Mädchen im System der Ausbildung und des Berufszugangs besteht also — selbst wenn wir nur die Ebene des individuellen Verhaltens sehen — nur zur Hälfte aus dem Fehlen von Selbstvertrauen, etc. bei den Mädchen; zur anderen Hälfte besteht der Nachteil in dem *Überschuß* an Leistungs- und Konkurrenzbedürfnissen, die in der männlichen Subkultur auf dem Wege der „doppelte Negation" gezüchtet werden. Mit „Chancengleichheit" wäre dieses letztere Problem noch nicht gelöst.

Sehen wir nun die Entwicklung des Mädchens auf der Folie einer männlich dominierten Welt. Ihre Ausgangslage ist in mancher Hinsicht günstiger, wobei zu vermuten ist, daß selbst der alte Nachteil, von Geburt an weniger erwünscht zu sein, im Schwinden ist. Indem die Mutterschaft zunehmend als freie Wahl der Frau *erscheint* (jedenfalls oft der Zeitpunkt gewählt werden kann) verstärkt sich die „fun morality", die moralische Pflicht, Spaß und Freude am Kind zu haben.

Zusammen mit der von der Frauenbewegung symptomatisch angezeigten Steigerung des Selbstwertes von Frauen vermute ich, daß die Ergebnisse von *Arcana* (1979) durchaus auch hierzulande in der Tendenz möglich wären: Die Frau wünscht sich ein Kind, das sie verstehen kann, das ihr Kameradschaft und Vertrauen geben wird, und sie kann sich das besser vorstellen mit einer Tochter. Das männliche Stereotyp hat eine deutliche Entwertung in Deutschland erfahren, was sich z. B. darin zeigt, daß bei einer vergleichenden Untersuchung mit 5- und 8-jährigen Kindern die deutschen Kinder — anders als in allen anderen Ländern der Untersuchung — weniger Merkmale als „typisch männlich" angeben konnten als Merkmale für Frauen. (Im Vergleich waren Frankreich, Italien, Norwegen, Holland und die USA). Ein Merkmal wie „abenteuerlustig", das von Kindern in allen Vergleichsländern sehr stark als typisch männlich gesehen wurde, wurde von deutschen Kindern den Männern überhaupt nicht zugeschrieben. Insgesamt hatten die deutschen Kinder in beiden Altersstufen mehr stereotype Behauptungen über die Frau und weniger über den Mann zur Verfügung als in anderen Ländern (*Williams* u.a. 1981). Daraus ist wohl zu schließen, daß ihnen kein inhaltlich ausgefülltes positives Männerbild im Unterschied zum Frauenbild vermittelt wird (was durchaus einschließt, daß kinderliebe Männer vorhanden sind und positiv gesehen werden; nur die andersartig ausgeprägte Männlichkeit steht nicht mehr hoch im Kurs). Die Tochter kann heute als künftige Frau sehr viel positiver begrüßt werden, als das in früheren Generationen der Fall war.

Die Heraustrennung eines Ich aus der Einheit mit der Mutter kann für das Mädchen allmählicher und ohne Betonung ihrer Geschlechtlichkeit geschehen. Die zwiespältigen und heftigen Gefühle gegenüber der Mutter sind ebenso wichtig, aber ihre direkte Äußerung gegen die Mutter schwieriger, weil die Grenzen nicht so klar sind. Auch wenn er die Macht der Mutter fürchtet, weiß der Junge sehr früh, *daß* er ein anderes als sie ist. Das Mädchen kann länger, unbefangener sich ins Einssein mit der Mutter fallenlassen und daraus Kraft ziehen, kann auch die Körperlichkeit der Mutter leichter in Anspruch nehmen; aber sie benötigt auch länger, um sich zu vergewissern, daß sie eine andere, getrennte Person ist. Ihre Wut auf die Mutter muß nicht erst „nach innen" gekehrt werden, um auch gegen sie selbst gerichtet zu sein.

Vieles, was über Mädchen berichtet wird, wird auf diesem Hintergrund verständlich. Mädchen äußern Aggressionen oft in anderen Formen als Jungen, beispielsweise indem sie die Vorschriften der Erwachsenen gegenüber anderen Kindern vertreten und sich damit ausgezeichnete Gelegenheiten zu Angriffen und Beschimpfungen verschaffen („prosocial aggression" in der Forschung). Es hat den Anschein, als könnten Mädchen einen diffusen Aggressionsstau länger „aufheben" als gleichaltrige Jungen. Beobachtet man z. B. eine erste Klasse nach Schulschluß, so kann man bei den Jungen einen regelrechten Ausbruch von gegenseitigem Boxen und Raufen erleben; die Aggressivität nach so vielen Stunden frustrierender Einschränkungen schwappt sofort über. Die Mädchen wirken zunächst ruhiger, doch nach einer oder mehreren Stunden, bei irgend einem kleinen „Unrecht", das einen legitimen Anlaß zum Ärger bietet, werden sie von der gestauten Aggressivität überschwemmt. Statt grundlos loszuprügeln – halb Sport, halb Kampf – wird das Mädchen mit Zeitverzögerung unverhältnismäßig wütend, gemessen am Anlaß. (Später wird es heißen: „Sie ist hysterisch.")

Vermutlich fällt es den Mädchen insgesamt (nicht nur gegenüber der Mutter) deshalb schwerer, sich aggressiv zu verhalten, weil ihnen Vorstellungen für die Bildung von Aggressionsphantasien fehlen. Damit die Menschen Gefühle haben, ist nicht nur Erregung nötig, die uns erfaßt, sondern auch Namen und Bilder für diese Erregung: Was sie ist, was sie meinen könnte. Traditionell weibliche Erziehung hat das Mädchen hierin oft gründlich enteignet (so sagte meine Großmutter zu ihrer Tochter immer nur: „Ich weiß, das hättest Du nicht getan, wenn Du gewußt hättest, daß es mich kränkt" – der Erfolg dieser Erziehung war allerdings das Gegenteil von der Absicht). Doch auch liberale, ermutigende Erziehung ändert die Umwelt nicht, worin zwar Namen, aber keine weiblichen Bilder für aggressives Verhalten vorkommen.

„Eltern können machen, was sie wollen: Gewalt ist männlich. Ohne Aggressionsphantasien, die die Realität übersteigen (ebenso übersteigen wie die Wut des Kindes seine Durchsetzungsmöglichkeiten und seine Ichstärke übersteigen), entwickelt sich keine freie Aggression innerhalb der realen Kämpfe von Kindern." (*Hagemann-White* 1979, S. 72).

Die Abtrennung des eigenen Ich von der Mutter verlief beim Mädchen stärker durch Spiegelung der Ähnlichkeit als durch Abgrenzung im Anderssein, dialogischer. Pädagogische Interventionen bei Mädchen nehmen dementsprechend häufiger die Form, sie aufzufordern, darüber nachzudenken, wie andere sich fühlen („Überleg' doch mal, wie du das finden würdest, wenn jemand mit Dir . . ."; „Vielleicht war das doch gar nicht Absicht, daß X Dich angerempelt hat"). In der Vorschulphase (etwa 5 bis 7) entwickeln sie schon Fähigkeiten, Beziehungen zu erhalten, indem sie bewußt über die Bedürfnisse, Eigenheiten des/der anderen nachdenken, und Streitigkeiten durch individuelle, personengerechte Verhandlungen zu lösen. Wahrscheinlich zeigen sich da die Anfänge der Aneignung einer „anderen Art des Lernens", auf die *Miller* hinweist, die eben nicht (wie in der Wissenschaft vorwiegend vorausgesetzt wird) durch Beibehaltung und Verallgemeinerung des schon einmal Gelernten fortschreitet.

„Das Aufziehen von Kindern ist aber ein Beispiel für einen vollkommen anderen Lernprozeß. Was gestern gelernt wurde, ist heute nicht mehr gut genug und stimmt nicht mehr. Man darf nicht darauf hoffen, es genauso, oder auch nur analog, wiederverwenden zu können, weil sich die Situation bereits geändert hat. Frauen stecken also tagtäglich in ganz anderen Lernvorgängen drin." (*Miller* 1977, S. 87)

Das Lernen, das Mütter selbst leisten müssen, werden sie eher von ihren Töchtern auch erwarten, die Nähe zur Mutter wird es auch eher den Töchtern vermitteln.[10]

Viel länger als dem Jungen ist es dem Mädchen gestattet, durch körperliche Nähe Schutz, Trost und Bestätigung zu holen. Sie darf und kann die Körperlichkeit der Mutter noch in Anspruch nehmen, nachdem der Junge sich dies längst selbst verbietet, was ihm von der väterlichen Umwelt auch nahegelegt wird. Da unsere Kultur „männliche" Werte hochschätzt, auch wenn die Seele dabei zugrunde geht (und dies gilt durchaus auch für die in den letzten Jahren vielzitierte sowjetische empiristische Psychologie), wird jedes Abstreifen von Abhängigkeit als Entwicklungsfortschritt begrüßt. Übersehen wird dabei, was es den Jungen vielleicht kostet, den Trost nicht mehr holen zu können. Weinerlich sein, sich an Erwachsenen klammern — das sind negativ bewertete Beschreibungen dafür, Ängste, Schmerz und Angewiesensein zuzugeben und das, was ein Kind braucht, zu beanspruchen.

In der Tat wirkt das Mädchen am Abschluß der Kleinkindphase oft ausgeglichener und stabiler als der Junge. Auch das körperliche Wachstum in der gesamten Zeit bis zur Pubertät verläuft gleichmäßiger (*Waber* 1979), was dazu beitragen mag, daß Mädchen die Motorik besser beherrschen und Anforderungen, die in der Schule gestellt werden, leichter erfüllen können. Das Verhältnis zum eigenen Körper scheint ausgeglichener. Wenngleich allerlei empirische Studien den Eindruck heute stützen, daß Mädchen im Vorschulalter stolz und froh sind, Mädchen zu sein, ja daß sie das eigene Geschlecht sogar noch positiver sehen als die Jungen (*Katz* 1979, S. 165), so sind diese Mädchen dennoch dabei, das kulturelle System der Zweigeschlechtlichkeit zu begreifen, das ihnen eine rein negative Bestimmung ihres Geschlechts vermittelt. Hatte die frühkindliche Urerfahrung Weiblichkeit als Einssein mit der Mutter, geborgen und sicher sein erlebt, so ist die kulturelle Bestimmung die, daß etwas fehlt. Diese negative Bestimmung der Geschlechtlichkeit steht in enger Verbindung mit der Sexualisierung des Geschlechts, die nicht von der Mutter sondern vom Vater und von den Jungen eingeleitet wird. In der Mischung von Verwirrung, Verletztheit und Anpassung, mit der Mädchen auf die oben beschriebenen Verfolgungen der Jungen reagieren, ist dieser Prozeß der Sexualisierung spürbar. Wegen der erotischen Komponente der Verfolgungen ist es den Mädchen beinahe unmöglich, sich zum Schutz dagegen zusammenzutun; und sofern Erwachsene von den Angriffen Kenntnis erhalten, mystifizieren sie sie, d. h. sie geben dem betroffenen Mädchen entweder die Deutung: der Junge hat dich besonders gern, das ist doch schön; oder die Deutung: du bist triebhaft/schamlos und reizt die Jungen dazu auf. *Ihre* Erfahrung, angegriffen zu werden, wird nicht wahrgenommen. Sexuell für *andere* wird das Mädchen nur als Objekt — durch Verhalten oder Merkmale, die für sie selbst keinerlei erotische Bedeutung haben. Für die Väter wird sie in ihrer Kindlichkeit sexualisiert; für Gleichaltrige als jemand, die genötigt werden kann. Im Doppelsinn hat sie das Geschlecht, das nicht eins ist (*Irigaray*): immer schon zwei in der dialogischen Abtrennung von der Mutter, und nicht eines = keins, kein Subjekt von Geschlechtlichkeit für die männliche Kultur.

5. *Pubertät und widersprüchliche Lebensentwürfe*

Aus der Kleinkindheit tritt das Mädchen heraus mit einer tiefverwurzelten Sicherheit ihres Platzes im Geschlechtersystem, mit einem meist noch starken Selbstwertgefühl, mit einem Bewußtsein ihrer Überlegenheit im Sozialverhalten gegenüber den Jungen, und mit einem ebenfalls tiefen Gefühl, daß ihr Wesentliches vorenthalten wurde, daß sie eigentlich nichts dafür kann, wenn ihr etwas nicht gelingt. Was ihr im Grundschulalter weitgehend fehlt sind die Risikoerfahrungen mit dem eigenen Körper und die Bandenbildung, die für die Entwicklung der Jungen in diesem Alter typisch sind. Sie hat kaum das Bedürfnis, ihren Platz in der Welt durch Mutproben, Eskapaden und Prügeleien zu beweisen, und macht seltener die Erfahrung von Prellungen, Schrammen und kleinen Verletzungen; wenn doch, so sind Erwachsene immer nahe, die Pflästerchen und Trost spenden. Dies ist ja auch der angenehmere Teil, und wenn der Junge nicht solch starken Antrieb hätte, von der Mutter/der Aufsicht fortzukommen, würde er sich das wohl auch gefallen lassen. Der Mangel an Risikoerfahrungen und an Verletzungen (an denen ja auch die Selbstheilungskraft, die Elastizität und Zähigkeit des Körpers erfahren wird) fließt zusammen mit der Sexualisierung als Objekt um dem Mädchen einen „Körperfetisch" nahezulegen, was auf die Kleidung noch erweitert werden kann. Dinge, bei denen man sich wehtun könnte (oder erweitert: sich schmutzig machen, die Kleider zerreißen könnte), läßt sie dann lieber bleiben. Die Erwachsenen sind meist auch gegen diese Dinge, die anderen Mädchen auch; es fehlt der zusätzliche Antrieb, *trotzdem* auf den Zaun zu klettern, auch wenn man sich dabei zerkratzt. Zudem wird die Gruppe nicht libidinös besetzt, denn es fehlen alle Voraussetzungen dafür. Weder ist die Mädchengruppe psychisch für die eigene Geschlechtsidentität notwendig, noch bietet sie je die Aussicht, der lästigen Erwachsenenkontrolle zu entkommen, Abenteuer zu mehreren auf eigene Faust zu erleben. So bleibt die Gruppe angenehm aber entbehrlich. Gibt es Streit, werden die Mädchen auseinandergehen; die Gruppe kann zerfallen (was auch Piaget schon bemerkt hat), weil sie kein eigenes Objekt libidinöser Besetzung ist (vgl. *Gilligan* 1979, S. 435).

Die Auswirkung des Fehlens der „Bande" relativ zu den Jungen sind mehrschichtig. Zum einen verstärkt sich, wie in einer Spirale, der Mangel an riskanten Erfahrungen. Das Mädchen bleibt eher dabei, eigenes Wohlergehen zu sichern; sie wird nicht zu Wagnissen angestachelt, die sie sich allein nicht getraut hätte. So baut sich ein Fundament von Angst vor Körperverletzungen auf; und als Kehrseite wird der Sinn fürs Ästhetische ausgebaut. Eine ganz andere Ebene von Folgen trifft im Bereich des Regelspiels ein. Ohne libidinöse Besetzung der Gruppe bleibt die Einübung in formalrechtliche Konfliktlösung aus. Gruppen von Jungen bilden formales Recht relativ spontan (angelehnt an Vorgaben der Kultur, doch aus starkem eigenen Antrieb) heraus, um mit Streit fertigzuwerden, ohne daß die Gruppe daran zerbricht (*Gilligan* 1979, S. 435). Für die Mädchen kann der Antrieb zu solcher Juristerei nur schwach sein, da ihnen die Gruppe per se keinen intensiven emotionalen Wert und keinen praktischen Nutzen bietet; es sind die Personen in der Gruppe und nicht die Gruppe selber ihnen wichtig.

Das Überdauern einer emotionalen Gruppenbindung mit hierarchischer Struktur (bzw. mit innerer Hackordnung) konnte sich Freud nur aus dem unbewußten Motiv der Beseitigung des Vaters durch die Söhne erklären. Noch einsichtiger ist dieser Zusammenhang bei Kindern, die deutlich danach streben, Vorschriften und Verbote abzuschütteln. Die Schwestern können sich aber nicht zusammenrotten um (in der Phantasie) die Mutter zu ermorden, weil ihnen gar nicht die Chance gegeben wird, sich zusammenzurotten d. h. unter sich zu sein; sie könnten es wahrscheinlich auch gar nicht eindeutig genug wollen, weil sie innerlich weniger abgegrenzt sind; und selbst wenn sie es täten, würden sie dann nicht den Vater besitzen, sondern allenfalls er sie. Diese Form von psychischer Gruppenbildung ist auf Mädchen schlechthin nicht übertragbar, kann in weiblicher Form nicht gedacht werden. Aber nicht nur die psychische Grundlage der Gruppenbildung, des Männerbundes, sondern auch die Folgen haben viel mit „männlicher Kultur" zu tun. Abenteuer und Körperrisiko einerseits, formalrechtliches Denken, das keine Rücksicht auf die konkreten Bedürfnisse spezifischer Personen nimmt, andererseits, umreißen auch Hauptzüge dessen, was heute zunehmend als problematischer

Männlichkeitswahn in Gesellschaft und Politik in Frage gestellt wird. Und solche Kritik ist nicht vollends neu, sondern der Kultur ebenfalls immanent. Die „männlichen" Werte verweisen auf die „weiblichen" als ihre tragende Grundlage und ihren notwendigen Ausgleich. So ist weder theoretisch noch in der subjektiven Erfahrung der heranwachsenden Mädchen die weibliche Kultur als Mangel zu bestimmen; sie erweist sich aber in der Konkurrenz um Ausbildung und Beruf faktisch als Nachteil.

Wohl aber wird Weiblichkeit als Einschränkung erfahren. Dies wird spätestens in der Pubertät deutlich. Obwohl die für die Pubertät typischen Einschränkungen recht häufig auch früher einsetzen, scheint dies zeitlich zu variieren und in der Regel eine Art Antizipation der Pubertät zu bedeuten, so daß im folgenden diese Vorgänge im Kontext der Pubertät besprochen werden. Es handelt sich um Einschränkungen, die nun explizit spezifisch für Mädchen gesetzt werden (anders als der sanfte Druck am Ausgang der Kleinkindzeit, der sich eher noch auf den Kindstatus beruft), und die mehr oder weniger explizit die Gefährdung des Mädchens als sexuelles Wesen zum Inhalt haben. Nunmehr werden Aktivitäten verboten, die vorher noch erlaubt waren, und Grenzen gesetzt, die erkennbar für Jungen gleichen Alters nicht gelten.

In der Zeit der Pubertät wird die Gruppe der Gleichaltrigen gleichen Geschlechts für Mädchen ähnlich wichtig wie für Jungen in der Grundschulzeit. Und mit der Pubertät tritt auch eine stark ambivalente Haltung der Mutter zur Sexualität der Tochter zutage. Sie ist nicht mehr nur ein Neutrum, das vor dem ungeheuerlichen Mißbrauch eventueller Triebtäter zu schützen ist, wie die Schulanfängerin. Einschränkungen, Regeln des Beschützens, Aufklärung und Sorge gehen nunmehr von der Annahme aus, daß das Mädchen selbst sexuell aktiv werden könnte, ohne die Folgen für sich zu übersehen. Und die stärkeren Kontrollen setzen nicht nur untergründig voraus, daß das Mädchen sexuelle Wünsche hat; sie nehmen oft die Form an, sie in diese Richtung zu drängen, indem ihr z. B. nahegelegt wird, sich für männliche Blicke attraktiv zu machen. Die Gruppe der gleichaltrigen Mädchen schafft einerseits Möglichkeiten, der Aufsicht und Kontrolle zu entkommen, greift andererseits die verleugnete Seite der Ambivalenz auf. Während die Eltern auf Wahrung der Unschuld durch Verhaltenseinschränkungen drängen, drängt die Gruppe darauf, nun endlich sexuelle Wesen sein zu dürfen. Körperfetisch, Ästhetik des Schönseins und Schön-Machens für andere, Sexualisierung als Objekt für andere sind geeignet, eine gemeinsame Definition der Sexualität in der Gruppe herzustellen, während sexuelle Impulse per se nicht sonderlich gruppenfähig sind. Indem aber das sexuelle Selbstverständnis (gebrochen durch eine Kultur, in der die Frau sexuell als Objekt gilt) zum wesentlichen Thema der Gruppe wird und der Widerstand gegen die Einschränkungen der Eltern kristallisiert, gewinnt die Gruppe transitorischen Charakter. Denn das Ziel, vollwertiges sexuelles Wesen und daher von der Kontrolle der Eltern frei zu sein, ist selbst innerhalb der Mädchengruppe nicht erreichbar, es sei denn, sie kehrt die sexuelle Definition von innen nach außen und macht die sexuelle Selbstentdeckung vom Subjekt aus zum eigenen Abenteuer, was nicht nur gegen das Tabu der Homoerotik verstößt, sondern auch den Zusammenhalt der Gruppe sprengen würde. Bezugspunkt der Gruppe ist eine Neudefinition der Identität des Mädchens als sexueller Person, und dies ist es auch, was die Gruppe sprengt, wenn ein Mädchen einen Freund vorweisen kann.

Die hormonellen Veränderungen, die die Pubertät einleiten, beginnen bei Mädchen heute durchschnittlich mit 11 Jahren. Die Menstruation setzt in der Regel mit 12 oder 13, aber nicht selten schon mit 10 oder 11 Jahren ein. In dieser Zeit erfahren Mädchen körperliche Veränderungen, die sie stark auf den eigenen Körper aufmerksam machen, und starke Einflüsse von den Medien und innerhalb der Jugendkultur setzen Maßstäbe dafür, wie diese Körperentwicklung äußerlich werden soll, um „attraktiv" zu sein. Die Menstruation selbst wird vielfach als etwas Beschämendes behandelt, zumindest erfordert sie lästige Vorkehrungen und Aufmerksamkeiten, um nicht in Situationen größter Peinlichkeit zu geraten. Das Selbstwertgefühl kann durch eine Körperentwicklung, die nicht (oder noch nicht) den Normen bzw. den eigenen Wunschvorstellungen entspricht, nachhaltig beeinträchtigt werden. Insofern bringt die Zeit von circa elf bis vierzehn sicher einiges an körperlich bedingten Belastungen mit sich.

Es gibt jedoch kaum Hinweise darauf, daß andere, psychologische oder kognitive Unterschiede zwischen Mädchen und Jungen gerade in dieser Altersphase auftreten. Die Befragungsergebnisse, die ein Absinken des Selbstwertgefühls von Mädchen im Vergleich zu Jungen zeigen, stellen solche Unterschiede schon vor Beginn der Pubertät fest; man könnte sie vielleicht als Folge von einigen Jahren Schulerfahrung begreifen. So stellten Gold u.a. (1980) fest, daß nach dem 3. Schuljahr Unterschiede auftreten; Mädchen sehen sich nun weniger als intelligent und selbstbewußt, verglichen mit den Selbsteinschätzungen von Jungen. Die Untersuchungen von Leistungsunterschieden hingegen zeigen Unterschiede, die überwiegend zu einem späteren Zeitpunkt auftreten, wie wir im 1. Teil hinsichtlich der mathematischen und räumlichen Fähigkeiten sahen: erst ab 15 oder 16 werden solche Differenzen deutlich. Dies und die z. T. schon festgestellten Korrelationen zwischen „typischen" Fähigkeiten und Orientierung an der Geschlechtsrolle (z. B. Kaplan/Plake 1981) deuten darauf hin, daß die Beziehung der Leistungsunterschiede zur Pubertät sozialer Natur ist und daher erst mit zeitlicher Verzögerung auftritt.

Mit der Pubertät beginnt eine Neudefinition der Identität der Mächen unter starken Einflüssen der Gleichaltrigen; Autonomie gegenüber den Eltern, deren Kontrolle zunehmend als beengend empfunden wird, und Ablösung von der Mutter, aber auch die Perspektive eines lebenswerten eigenen Lebens scheinen gekoppelt an der Erreichung einer Liebesbeziehung zum „richtigen" Mann. Die Mädchengruppe bietet nur eine vorübergehende Ausweichmöglichkeit vor diesem Ziel. Und in einer Kultur, die männliche Werte höher schätzt und eine gewisse männliche Überlegenheit als konstitutiv für die Mann-Frau-Beziehung setzt, bedeutet dies, daß das Mädchen sich nach den Maßstäben der Jungen ausrichten muß, nicht umgekehrt. In der Folge der Umorientierung der Identität verschlechtern sich z. T. die Schulleistungen der Mädchen. Die gesellschaftlichen Anforderungen an Frauen sind widersprüchlich. Die Entwicklung fester „Eigenschaften" würde dem schlecht entsprechen. Dies mag erklären, warum es zu einer solchen Unterschiedlichkeit der Geschlechter im empirisch feststellbaren Verhaltenspotential nicht kommen kann, wie es die Stereotypen nahelegen. Es kann daher nicht unterstellt werden, daß Mädchen tatsächlich durch Drill zu dem gemacht werden, was die Stereotypen angeben: aufopferungs- und hilfsbereit, ordentlich, fleißig, pünktlich . . . (vgl. *Bellotti* 1975). Zu viel Ordnung und rigide Maßstäbe führen dazu, wie Ann Oakley in ihren Interviews mit Hausfrauen am Extremfall aufzeigte, daß die Aufgaben als „Mutter" kaum noch erfüllt werden können (*Oakley* 1978); zu viel echtes Einfühlungsvermögen macht die Sozialarbeiterin unfähig, ihren Berufsalltag auszuhalten und ihre Fallzahl zu „schaffen". Die weiblichen Eigenschaften können nur funktional für die tatsächliche Arbeitsteilung der Geschlechter sein, indem sie als situativ bedingte Verhaltensweisen angeeignet werden. Daß Mädchen sich eher situationsspezifisch und unter dem Eindruck der von anderen gesetzten Notwendigkeiten „weiblich" verhalten, heißt jedoch nicht, daß diese Verhaltensweisen frei verfügbar und ohne große emotionale Bedeutung wären. Im Gegenteil; Mädchen können gerade deshalb wie Traumwandler darauf zurückgreifen, weil der symbolische Aufbau ihrer Lebenswelt dies nicht nur kognitiv einsichtig macht, sondern zugleich als den eigentlichen Sinn ihrer Wünsche bestimmt. Frau sein bedeutet etwa, einen Mann umsorgen zu wollen − nicht aber, Achtung für die Integrität der eigenen Person zu fordern oder zu erwarten. Der Wunsch nach solcher Achtung ist stark, aber eine kulturelle Artikulation dafür fehlt; d. h. es fehlen Regeln, die Sicherheit verschaffen würden, wann, gegenüber wem und zu welchem Grad, bei welchen Anlässen dies gefordert werden darf, und es fehlen Vorbilder und konkrete Vorstellungen dafür, wie der Wunsch verwirklicht, die Forderung geäußert werden kann.

Von individuellen Unterschieden abgesehen bringt die Sozialisation von Mädchen ein verhältnismäßig breites Spektrum von Verhaltensmöglichkeiten und Fähigkeiten hervor, die sich mit denen der Jungen weitgehend überschneiden. Die Bedeutung dieser Möglichkeiten wird jedoch nicht nur kognitiv sondern auch emotional im Rahmen der Geschlechterpolarität kulturell fortgeschrieben. Je geringer die materiellen Lebenschancen des Mädchens, desto weniger hat sie die Möglichkeit, die Definition der Bedeutung für sich neu vorzunehmen. Mit der Polarisierung der Perspektiven − entweder berufsorientiert, selbständig und durchsetzungsfähig wie ein Mann, oder anhänglich, unselbständig und unterordnungsbereit wie eine Frau werden zu müssen − wird zudem ein nicht unbedeutender Anteil des positiven Selbstwertgefühls der Mädchen für die Anpassung an die herkömmliche Rolle dienstbar gemacht. Haben sie doch vom Schulbeginn an erfahren, daß das männliche Gebaren der Jungen gegen einsichtige ebenso wie gegen uneinsichtige Normen des Sozialverhaltens verstößt. Ihnen entgeht nicht, daß die wichtigen Leistungen von Männern real auf einem Fundament von substantiell unverzichtbarer Arbeit von Frauen beruhen, daß die männlichen Werte (wie Risiko, abstraktes Recht) implizit auf die weiblichen (wie Fürsorge und personenbezogene, ganzheitliche Gerechtigkeit) verweisen.

Die Situation des Mädchens bei der Suche nach ihrem eigenen Lebensentwurf ist zutiefst konflikthaft, denn beide Wege, die sich ihr bieten, enthalten neben Anreizen auch bedrohliche Sanktionen oder Verzichte. Lott (1981, S. 97-100) beschreibt dies lerntheoretisch als einen zweifachen „approach-avoidance conflict": dasselbe Ziel verspricht zugleich Befriedigung und Bestrafung. Soweit das Mädchen Befriedigung darin findet, eigene praktische oder schulische Fähigkeiten außerhalb des Haushalts zu entwickeln, eigenes Geld zu verdienen und über sich selbst zu bestimmen, bietet sich ihr schon der Weg von Berufsausbildung und Selbständigkeit. Nur muß sie zugleich befürchten, daß sie dafür einen sehr hohen Preis bezahlt: Sie wird als unweiblich und unnatürlich gesehen, muß vielleicht auf Familie verzichten und − sobald sie die ständig sinkende Altersschwelle überschreitet, nach der Frauen als nicht mehr interessant gelten − mit Einsamkeit rechnen. Für das Arbeitermädchen ist zudem ersichtlich, daß ihr Verdienst, selbst wenn sie allein bliebe, nicht einmal materiellen Komfort erbringen würde. Soweit das Mädchen andererseits es reizvoll finden kann, vor allem in der Familie und im Haushalt zu arbeiten, Ehe und Kinder zu haben, muß sie jetzt schon in der Pubertät beginnen, auf eigene Interessen, eigene Bedürfnisse, und Selbstbehauptung zu verzichten. Auch wenn jede für sich hofft, eine Ausnahme zu sein, wissen Mädchen schon unterschwellig, daß sie mit dem Weg in die Ehe keine Garantie dafür haben, nicht arbeiten gehen zu müssen, und daß die Scheidung durchaus − zunehmend − eine Möglichkeit ist. Auch beinhaltet dieser Weg meist die Annahme von vielen Verhaltensweisen und Situationsbedingungen, die das Mädchen in der Pubertät bei der eigenen Mutter aufs heftigste ablehnt.

Eingespannt in dieses Konfliktfeld sieht das Mädchen trotz vielfacher rebellischer Ansätze zum Schluß nur die Möglichkeit, ein Paket voller Einschränkungen gegen ein anderes einzutauschen, etwa die Abhängigkeit von den Eltern gegen die Abhängigkeit vom dominierenden Freund; oder auch: Gehorsam und Anpassung zu Hause gegen einen angepaßten, selbst mit Funktionen der Normenvertretung versehenen „sozialen" Beruf. Diese Zwangslage, die Ausweglosigkeit von eingeschränkten Lebensperspektiven, erzeugt eine Ideologie des freiwilligen Verzichts. Bei den Feten ist nach Mitternacht sowieso nichts mehr los; die Männerberufe sind schmutzig, belastend und zu unpersönlich; Aufstieg macht kaputt; Fußballspielen macht eh keinen Spaß. In einem Gruppengespräch mit „betrifft: Erziehung" sind sich Lehrerinnen spontan einig, daß keine von ihnen je eine Schulleiterstelle würde haben wollen:

„Ich halte es für das Unemanzipierteste, was es gibt, diese Männerrollen zu übernehmen, wo wir die Einzelchance haben, die irgendwo ein bißchen zu untergraben."
„ . . . und dann sagte ich (zum Schulrat), aber bitte nicht weiter als bis zum Oberlehrer,

weil beim Rektor fängt für mich ein Beruf an, den ich eigentlich nicht gewählt hab'. Ich möchte den pädagogischen Bezug haben."

„Ich würde es so sagen, daß wir gar nicht diese Funktionsstellen wollen, weil wir eben Lehrerinnen sein wollen . . . Ich bin oft heilfroh und sag' mir, wenn ich also diese ganzen Sachen nicht so richtig mache, in der Pausenaufsicht und den ganzen Schmarren, dann sage ich, die kriegen doch dafür so viel Geld, sollen die es doch machen. Ich finde es so toll, daß mich das auch entlastet. Die haben sich dafür breitschlagen lassen, sind dafür Männer und dann sollen sie auch mal den Nachteil haben" (*Brehmer* 1982, S. 63-65).

Weibliches Verhalten und der weibliche Sozialcharakter wurzeln in der Kenntnis des symbolischen Systems der Zweigeschlechtlichkeit, dessen Werthierarchie mit institutionellen und ökonomischen Machtverhältnissen abgestimmt ist. Das, was „weiblich" wäre, ist vertraut, nach Bedarf abrufbar, doch nicht identisch mit der Erfahrung des einzelnen Mädchens mit sich selbst, mit ihrem eigenen Bild von sich. Da aber die Verwirklichung einer eigenen, nichtangepaßten Identität in der Praxis riskant ist, und die Angst vor dem Ungewissen in jedem Falle sie begleitet, bleibt es eine ständige Möglichkeit der Entlastung, die herkömmliche Rolleneinteilung wieder anzunehmen.

Nicht nur die gesellschaftlichen Anforderungen an die Frauen sind doppelbödig, auch die Frauen selbst verhalten sich doppelbödig dazu. Einerseits wissen sie, daß sie das, was Männer leisten, auch könnten; vor allem als Mädchen, aber auch später in Umbruchzeiten ihrer Lebensgeschichte rebellieren sie gegen die Einschränkungen, die ihnen verfügt werden, und die Kränkung, die in der gesellschaftlichen Geringschätzung ihres Könnens steckt. Andererseits erfahren sie, daß das Leben schwer genug ist, daß die Männen ihnen ihre „weiblichen" Arbeitsbereiche und Belastungen auch in Notzeiten kaum abnehmen. So greifen sie auf die Geschlechterpolarität als entlastende Hilfskonstruktion zurück: Das ergibt immerhin Aufgaben, die sie nicht auch noch zu können brauchen, und Grenzen ihrer Verantwortlichkeit. Im Akzeptieren der vorgegebenen Grenzen der kulturellen Geschlechterstereotypen ist auch die Möglichkeit gegeben, zu sagen, „ich habe getan, was ich konnte; mehr wäre von mir nicht zu verlangen". In Arbeiterfamilien, in Lebensverhältnissen, wo das Geld eigentlich nicht zum Leben reicht und alle Vorgänge des Alltags notgedrungen unrationell bewältigt werden müssen, ist es allein schon eine Leistung, mit den vorhandenen Mitteln den Haushalt zu schaffen und die Kinder durchzubringen; und es ist auch schon eine erhebliche Leistung, eine Arbeitsstelle zu halten und den Verschleiß der Arbeitsbedingungen auszuhalten. Der entlastende Rückgriff auf die Rolleneinteilung kristallisiert sich vor allem im Familienbereich heraus. Dort, wo mehr materielle und immaterielle Ressourcen verfügbar sind, werden Frauen vor allem im Spannungsfeld ihrer Berufsorientierung dazu gebracht, die Geschlechterpolarität als Entlastung aufzugreifen; denn gute Schulleistungen und eine höhere Ausbildung vermitteln einen geschärften Blick dafür, welche Chancen und Befriedigungen, aber auch welche Bedrohung eine reale, finanzielle wie persönliche Eigenständigkeit mit sich bringen könnte. Die tatsächlich gefällten „Entscheidungen" — ob und wann Ehe, Kind, Aufgabe des Berufs — sind dann oft in hohem Maße zufällig, es sind eher Ereignisse, die dem Mädchen zustoßen, als bewußte Wahl; und die Spannung zwischen widersprüchlichen Perspektiven und Lebensentwürfen löst sich in Richtung auf das nun einmal Geschehene. Weibliches Verhalten und weibliche Eigenschaften sind daher immer das Produkt einer Interaktion zwischen dem angeeigneten kulturellen System und den Zufällen der individuellen Lebensgeschichte.

Anmerkungen

1 Der dabei verwendete Begriff „tough" (who is the toughest in your class?) galt als richtig verstanden, wenn das Kind — um Verdeutlichung durch ein Beispiel entsprechenden Verhaltens gebeten — drohend die geballte Faust schüttelte (*Maccoby/Jacklin* 1974, S. 256).

2 *Hoffmann* (1982) verdeutlicht anhand der Daten über solche Schwankungen, daß der „stürmisch wechselnde Hormonspiegel", der für Irrationalität und sogar Kriminalität bei Frauen verantwortlich gemacht worden ist, tatsächlich den gesunden Normalzustand für beide Geschlechter darstellt. In der Pubertät ist der hormonelle Höchststand nur während des Schlafes zu verzeichnen. Ob einer nächstens auf die Idee kommt, daß Frauen wegen der menstruellen Hormonstöße von Natur aus schläfriger seien?

3 Am Ende wird der Heldin dieser Bücher oft die Einsicht nahegebracht, daß es auch reizvoll sein kann, sich ein wenig hübsch zu machen. Die erzieherische Absicht ist deutlich — ebenfalls deutlich, daß sie auch bei den Leserinnen für nötig gehalten wird.

4 Überlebensvorteile der Gruppe oder der Art können in evolutionärer Hinsicht natürlich auch als „biologisch" gelten, nur sind sie eindeutig auf die Beschaffenheit der Umwelt bezogen. Eine Verankerung im Körperlichen ist dann nicht mehr notwendig mitgemeint.

5 Das völlige Fehlen eigenständiger Gruppenerfahrungen gilt vor allem in den städtischen Gebieten. Auf dem Lande haben Mädchen zwar (aufgrund von Haushaltspflichten) weniger Zeit als Jungen, aber oft eine ähnliche Bewegungsfreiheit; und es bilden sich auch Mädchenbanden und gemischte Gruppen. Mit zunehmendem Alter und zunehmender Bedeutung von Verkehrsmitteln nimmt diese Freiheit, die im Grundschulalter Gruppenerfahrungen ermöglicht hat, deutlich ab.

6 Beispielsweise gab es in einer größeren Stadt in Massachussetts eine YWCA, die zunehmend von mißhandelten Frauen aufgesucht wurde und ihnen auch Schutz und Unterkunft geben wollte. Als unüberwindliches Problem erwies sich aber, daß Söhne ab zwei Jahren (!) wegen der Gefährdung der Keuschheit und Moral junger Mädchen (die dort aufgenommen wurden) nicht mit der Mutter dort wohnen konnten. Auch körperliche Berührung in der Öffentlichkeit steht in den USA weit stärker unter Tabu, da sie immer als sexuell gilt.

7 Alle Zitate sind eigene Übersetzungen aus dem Amerikanischen.

8 Die Erkenntnis, daß sowohl biologisch wie psychologisch ein Kontinuum besteht, d. h. daß Frau und Mann soziokulturelle Konstruktionen sind, hatte in aller Radikalität *Weininger* (1903) dargelegt. Seine Befangenheit in der Wertordnung seiner Zeit zwang ihn aber zu dem Schluß, daß eine Zweiteilung notwendig ist, und dazu, die erotisierte Werthierarchie zu übernehmen und zu Ende zu denken. Über zwei Geschlechter zu reden, heißt unweigerlich, dies begriff Weininger, über symbolische Konstruktionen, über Prinzipien zu reden, die dem konkret-lebendigen Menschen übergestülpt werden. „Man übt eine geistige Orthopädie in der vollsten Bedeutung einer

Tortur" (S. 69) wenn man die Erziehung nach dem Geschlechterstereotyp ausrichtet. Weiningers Annahme, daß jeder reale Mensch eine Mischung der Prinzipien M und W sei, scheint noch bei Freud schwach auf, der sie jedoch auf Bisexualität (erotische Empfänglichkeit für — als biologisch gegeben gedachte — Angehörige beider Geschlechter) reduzierte. Durch seine Beibehaltung der Werthierarchie gelangte Weininger zu dem Schluß, daß alle Menschen bestrebt sein müssen, im kulturellen Sinne Männer zu sein.

9 *Rowan* (1979) betont aus der Sicht einer „kritschen Männerforschung" die konstitutive Bedeutung von Abgrenzung und Herabsetzung für das Männerselbstbild.

10 *Gilligan* (1979) entwickelt aus empirischen Studien über die moralische Entwicklung von Frauen (methodisch angelehnt an Kohlberg) den Gedanken, daß Frauen eine andere Stufenleiter der moralischen Reifung als Männer haben. Während in Kohlbergs Männerstudien die höchste Stufe des moralischen Bewußtseins eine abstrakte und stark formalisierte Gerechtigkeit ist, erfahren Frauen diese Sicht als unreifes Übergangsstadium. Aus der Sicht der Frauen dreht sich die höhere moralische Haltung um den Begriff der Verantwortung. Die richtige Balance zwischen Intervention, um dem anderen beizustehen, Schaden abzuwenden, zugemutete Verantwortung des anderen für sich selbst, und eigener Verantwortung für sich zu finden — dies ist die schwierigste Aufgabe einer „weiblichen" Moralität. Die Frau sieht die Bezogenheit und Angewiesenheit von Menschen auf einander als unweigerlich immer schon gegeben an, so daß eine formale Gerechtigkeit der Nichteinmischung, wie sie Kohlberg als höchste Stufe der Moralität gezeichnet hat, in der Substanz inhuman wird. Diese Unterschiedlichkeit im moralischen Bewußtsein wäre als weitere, spätere Gestalt dessen zu begreifen, was hier entwicklungspsychologisch als eher dialogische Ichwerdung beschrieben wird. Die Ichwerdung kann zwar in der frühen Kindheit zeitlich eingegrenzt werden, sie ist aber auch ein Prozeß der lebenslang stattfindet.

Andresen, Helga: Ist Schreibenlernen nur etwas für kleine Mädchen , in: *Brehmer,* I. (Hrsg.): Sexismus in der Schule, Weinheim 1982

Arcana, Judith: Our Mothers' Daughters, Berkeley 1979

Baker, Susan W.: Biological influences on human sex and gender, in: Signs, 6 (1980), S. 80-96

Barglow, P./*Schaefer,* M.: A new female psychology?, in: *Blum,* H.P. (Hrsg.): Female Psychology, Contemporary Psychoanalytic Views, New York 1977

Bart, William M. u.a.: The relationship of spatial ability and sex to formal reasoning capabilities, in: Journal of Psychology, 104 (1980), S. 191-98

Bell, Nancy J./*Carver,* William: A reevaluation of gender label effects: expectant mothers' responses to infants, in: Child Development, 51 (1980), S. 925-27

Belotti, Elena G.: Was geschieht mit kleinen Mädchen? (1973), München 1975

Bem, Sandra: Sex role adaptability: one consequence of psychological androgeny, in: Journal of Personality and Social Psychology, 31 (1975), S. 634-43

Benjamin, Jessica: The bonds of love: Rational violence and erotic domination, in: Feminist Studies, 6 (1980), S. 144-74

Berlin, Donna F./*Languis,* Marlin L.: Hemispheric correlates of the rod-and-frame test, in: Perceptual and Motor Skills, 52 (1981), S. 34-41

Bernard, Jessie: The Female World, Riverside NJ 1981

Bieliauskas, L./*Miranda:* Obviousness of two masculinity-femininity tests, in: Journal of Consulting and Clinical Psychology, 32 (1968), S. 314-18

Bilden, Helga: Geschlechtsspezifische Sozialisation, in: *Hurrelmann,* K./*Ulich,* D. (Hrsg.): Handbuch der Sozialisationsforschung, Weinheim 1980

Bindel, Rolf: Geschlechtsunterschiede in der zerebralen Asymmetrie, in: *Keller,* H. (Hrsg.): Geschlechtsunterschiede, Weinheim 1979

Birdwhistell, Ray: Kinesics and Context, Philadelphia 1970

Bischof, Norbert/*Preuschoft,* Holger (Hrsg.): Geschlechtsunterschiede, Entstehung und Entwicklung, Mann und Frau in biologischer Sicht, München 1980

Blackstone, Tessa: The education of girls today, in: *Mitchell,* J./*Oakley,* A.: The Rights and Wrongs of Women, Harmondsworth 1976

Block, Jeanne H.: Issues, problems and pitfalls in assessing sex differences: A critical review of 'The Psychology of Sex Differences', in: Merrill-Palmer Quarterly, 22 (1976), S. 283-308

Blurton-Jones, N. u.a.: Aggression, crying and physical contact in one- to three-year-old children, in: Aggressive Behavior, 5 (1979), S. 121-33

Breen, Dana: The Birth of a First Child, Towards an Understanding of Femininity, London 1975

Brehmer, Ilse (Hrsg.): Sexismus in der Schule: Der heimliche Lehrplan der Frauendiskriminierung, Weinheim 1982

Burstein, Bonnie u.a.: Sex differences in cognitive functioning: evidence, determinants, implications, in: Human Development, 23 (1980), S. 289-313

Chetwynd, Jane/*Hartnett,* Oonagh (Hrsg.): The Sex Role System, Psychological and Sociological Perspectives, London 1978

Choderow, Nancy: Oedipal asymmetries and heterosexual knots, in: Social Problems, 23 (1976), S. 454-68

Choderow, Nancy: The Reproduction of Mothering: Psychoanalysis and the Sociology of Gender, Berkeley 1978

Clarricoates, Katherine: 'Dinosaurs in the classroom' — a re-examination of some aspects of the 'hidden' curriculum in primary schools, in: Women's Studies International Quarterly, 1 (1978), S. 353-64

Connor, Jane/*Serbin,* Lisa: Behaviorally based masculine and feminine activity preference scales for preschoolers, correlates with other classroom behaviors and cognitive tests, in: Child Development, 48 (1977), S. 1411-16

Constantinople, Ann: Sex role acquisition: in search of the elephant, in: Sex Roles, 5 (1979), S. 121-33

Cooper, H.M. u.a.: Gender differences in the academic locus of control beliefs of young children, in: Journal of Personality and Social Psychology, 40 (1981), S. 562-72

Cucchiari, Salvatore: The gender revolution and the transition from bisexual horde to patrilocal band: the origins of gender identity, in: *Ortner, S.B./Whitehead,* H. (Hrsg.): Sexual Meanings, Cambridge 1981

Cummings, Scott/*Taebel,* Delbert: Sexual inequality and the reproduction of consciousness, an analysis of sex-role stereotyping among children, in: Sex Roles, 6 (1980), S. 631-44

Degenhardt, Annette/*Trautner,* Hanns-Martin: Geschlechtstypisches Verhalten: Mann und Frau in psychologischer Sicht, München 1979

Diener, Carol I./*Dweck,* Carol S.: An analysis of learned helplessness: continuous changes in performance, strategy, and achievement cognitions following failure, in: Journal of Personality and Social Psychology, 36 (1978), S. 451-62

Dinnerstein, Dorothy: The Mermaid and the Minotaur, Sexual Arrangements and Human Malaise, New York 1977 (deutsch: Das Arrangement der Geschlechter, Frankfurt 1980)

Dweck, Carol S. u.a.: Sex differences in learned helplessness II: the contingencies of evaluative feedback in the classroom; III: an experimental analysis, in: Development Psychology, 14 (1978), S. 268-76

Dweck, Carol S./*Goetz,* Therese E.: Attribution and learned helplessness, in: *Harvey* u.a. (Hrsg.): New Directions in Attribution Research, Hillsdale NJ 1978, Bd. 2

Dweck, Carol S u.a.: Sex differences in learned helplessness IV: an experimental and naturalistic study of failure generalization and its mediation, in: Journal of Personlity and Social Psychology, 38 (1980), S. 441-52

Ehrhardt, Anke A./*Baker,* Susan W.: Fetal androgens, human central nervous system differentiation, and behavior sex differences, in: *Friedman,* R.C. u.a. (Hrsg.): Sex Differences in Behavior, New York 1974

Eisenberg-Berg, Nancy u.a.: Correlates of preschool girls' feminine and masculine toy preferences, in: Developmental Psychology, 15 (1979), S. 354-55

Erdheim, Mario: Die gesellschaftliche Produktion von Unbewußtheit, Frankfurt 1982

Fagot, Beverly: Sex differences in toddlers' behavior and parental reaction, in: Developmental Psychology, 10 (1974), S. 554-58

Fagot, Beverly: Male and female teachers — do they treat boys and girls differently?, in: Sex Roles, 7 (1981), S. 263-72

Feinman, Saul: Why is cross-role behavior more approved for girls than for boys? in: Sex Roles, 7 (1981), S. 289-300

Feiring, Candace/*Lewis,* Michael: Temperament, sex differences and stability in vigor, activity and persistence in the first three years of life, in: Journal of Genetic Psychology, 136 (1980), S. 65-75

Fend, Helmut: Gesellschaftliche Bedingungen schulischer Sozialisation, Soziologie der Schule I, Weinheim 1974

Flax, Jane: The conflict between nurturance and autonomy in mother-daughter relationships and within feminism, in: Feminist Studies, 4 (1978), S. 171-189

Fox, Lynn H. u.a.: Sex-role socialization and achievement in mathematics, in: *Wittig/ Petersen* (Hrsg.): Sex-Related Differences in Cognitive Functioning, NY 1979

Frasch, Heidi/*Wagner,* Angelika: ,,Auf Jungen achtet man einfach mehr . . .", in: *Brehmer,* I. (Hrsg.): Sexismus in der Schule, Weinheim 1982

Frauenbericht, siehe *Senator*

Friedman, Richard u.a. (Hrsg.): Sex-Differences in Behavior, New York 1974

Frisch, Hannah: Sex stereotypes in adult-infant play, in: Child Development, 48 (1977), S. 1671-75

Gilligan, Carol: The effects of social institutions on the moral development of children and adolescents, in: Bulletin of the Menninger Clinic, 44 (1980), S. 498-524

Gilligan, Carol: Women's place in man's life cycle, in: Harvard Educational Review, 49 (1979), S. 431-46

Gold, Alice R. u.a.: Developmental changes in self-perceptions of intelligence and self- and adolescents, in: Bulletin of the Menninger Clinic, 44 (1980), S. 498-524

Gold, Alice R. u.a.: Development changes in self-perceptions of intelligence and self-confidence, in: Psychology of Women Quarterly, 5 (1980), S. 231-39

Gullahorn, Jeanne (Hrsg.): Psychology and Women, New York 1978

Gunnar, Megan R./*Donahue,* Margaret: Sex differences in social responsiveness between six months and twelve months, in: Child Development, 51 (1980), S. 262-65

Guttentag, Marcia/*Bray,* Helen: Undoing Sex Stereotypes, Research and Resources for Educators, New York 1976

Hagemann-White, Carol: The influence of institutional structures on sex-role stereotyping, in Report from Aspen Institute Berlin 78/2: The Changing Roles of Women and Men (1977)

Hagemann-White, Carol: Gewalt und Geschlecht, in: Wege zum Menschen, 30 (1978), S. 49?57

Hagemann-White, Carol: Frauenbewegung und Psychoanalyse, Frankfurt 1979

Hagemann-White, Carol, *Kavemann,* Barbara u.a.: Hilfen für mißhandelte Frauen, Abschluß der wissenschaftlichen Begleitung des Modellprojekts Frauenhaus Berlin, Stuttgart 1981

Haraway, Donna: Animal sociology and a natural economy of the body politic, part I & part II, in: Signs, 4 (1978), S. 21-36 & 37-60

Harris, Mary B./*Satter,* Barbara J.: Sex-role stereotypes of kindergarten children, in: Journal of Genetic Psychology, 138 (1981), S. 49-61

Hartnett, Oonagh u.a. (Hrsg.): Sex-Role Stereotyping, London 1979

Haugh, Susan S. u.a.: The eye of the very young beholder: sex typing of infants by young children, in: Child Development, 51 (1980), S. 598-600

Helmreich, Robert L. u.a.: Psychological androgyny and sex role flexibility, a test of two hypotheses, in: Journal of Personality and Social Psychology, 37 (1979), S. 1631-44

Hoffmann, Joan C.: Biorhythms in human reproduction, the not-so-steady states, in: Signs, 7 (1982), S. 829-44

Hunt, Janet G.: Sex stratification and male biography: from deprivation to ascendance, in: Sociological Quarterly, 21 (1980), S. 143-56

Hyde, Janet S.: How large are cognitive gender differences? A meta-analysis using ω and $\mathcal{L}$, in: American Psychologist, 36 (1981), S. 892-901

Jamison, Wesley/*Signorella,* Margaret: Sex-typing and spatial ability, The association between masculinity and success on Piaget's water-level task, in: Sex Roles, 6 (1980), S. 345-54

Janssen-Jurreit, Marielouise: Sexismus, Über die Abtreibung der Frauenfrage, München 1976

Jones, W.H. u.a.: The enigma of androgyny: differential implications for males and females? in: Journal of Consulting and Clinical Psychology, 46 (1978), S. 298-313

Kaplan, Barbara/*Plake,* Barbara: The effects of sex-role orientation and cognitive skill on mathematics achievement, in: Educational Studies, 7 (1981), S. 123-31

Katz, Phyllis: The development of female identity, in: Sex Roles, 5 (1979), S. 155-78

Keller, Heidi (Hrsg.): Geschlechtsunterschiede, Psychologische und physiologische Grundlagen der Geschlechtsdifferenzierung, Weinheim 1979

Kelly, Jeffrey u.a.: Problems associated with the typological measurement of sex roles and androgyny, in: Journal of Consulting and Clinical Psychology, 46 (1978), S. 1574-76

Kessler, Suzanne/*McKenna,* Wendy: Gender, An Ethnomethodological Approach, New York 1978

Kohlberg, Lawrence: Zur kognitiven Entwicklung des Kindes. Frankfurt/M. 1974

Kohlberg, Lawrence/*Ullman,* Dorothy: Stages in the development of psychosexual concepts and attitudes, in: *Friedman* u.a. (Hrsg.): Sex Differences in Behavior, New York 1974

Kuhn, D. u.a.: Sex role concepts of two and three year olds, in: Child Development, 49 (1978), S. 445-51

Lambert, Helen H.: Biology and equality: a perspective on sex differences, in: Signs, 4 (1978), S. 97-117

Langlois, Judith H./*Downs*, A. Chris: Mothers, fathers, and peers as socialization agents of sex-typed play behaviors in young children, in: Child Development, 51 (1980), S. 1237-47

Laws, Judith Long: The Second X, Sex Role and Social Role, New York 1979

Lazarre, Jane: The Mother Knot, New York 1976

Lehr, Ursula: Zum Problem der Sozialisation geschlechtsspezifischer Verhaltensweisen, in: *Graumann* (Hrsg.): Handbuch der Psychologie 7 (Sozialpsychologie), Göttingen 1972

Lewis, Michael/*Weinraub*, Marcia: Sex of parent x sex of child, Socioemotional development, in: *Friedman* (Hrsg.): Sex Differences in Behavior, New York 1974

Lewis, Michael/*Weinraub*, Marcia: The origins of early sex-role development, in: Sex Roles, 5 (1979), S. 135-53

Lipman-Blumen, Jean: Toward a homosocial theory of sex roles, An explanation of the sex segregation of social institutions, in: Signs, 3 (1976), S. 15-31

Lips, Hilary M./*Colwill*, Nina L.: The Psychology of Sex Differences, Englewood Cliffs 1978

Lobban, Glenys: The influence of the school on sex-role sterotyping, in: *Chetwynd/ Hartnett* (Hrsg.): The Sex Role System, London 1978

Lott, Bernice: Becoming a Woman, The Socialization of Gender, Springfield 1981

Maccoby, Eleanor E./*Jacklin*, Carol N.: The Psychology of Sex Differences, Standford 1974

Maccoby, Eleanor E./*Jacklin*, Carol N.: Sex differences in aggression, A rejoinder and reprise, in: Child Development, 51 (1980), S. 964-80

Margolin, Gayla/*Patterson*, Gerald: Differential consequences provided by mothers and fathers for their sons and daughters, in: Developmental Psychology, 11 (1975), S. 537-38

Markus, Hazel u.a.: Self-schemas and gender, in: Journal of Personality and Social Psychology, 42 (1982), S. 38-50

Martindale, Colin: Hemispheric asymmetry and Jewish intelligence test patterns, in: Journal of Consulting and Clinical Psychology, 46 (1978), S. 1299-1301

Mathieu, Nicole-Claude: Man-culture and woman-nature? in: Women's Studies International Quarterly, 1 (1978), S. 55-65

McConaghy, M.J.: Gender permanence and the genital basis of gender, Stages in the development of gender identity, in: Child Development, 50 (1979), S. 1223-26

Mednick, Martha/*Weissman*, Hilda: The psychology of women — selected topics, in: Annual Review of Psychology (1975), S. 1-18

Merz, Ferdinand: Geschlechterunterschiede und ihre Entwicklung, Ergebnisse und Theorien der Psychologie, Lehrbuch der differentiellen Psychologie Band 3, Göttingen 1979

Meyer, Buf: The development of girls' sex-role attitudes, in: Child Development, 51 (1980), S. 508-14

Meyer-Bahlburg, Heino: Aggression, androgens and the XYY syndrome, in: *Friedman* u.a. (Hrsg.): Sex Differences in Behavior, New York 1974

Meyer-Bahlburg, Heino: Geschlechtsunterschiede und Aggression, Chromosomale und hormonale Faktoren, in: *Bischof/Preuschoft* (Hrsg.): Geschlechtsunterschiede Entstehung und Entwicklung, München 1980

Miller, Jean Baker: Die Stärke weiblicher Schwäche, Frankfurt 1977

Money, John/*Ehrhardt*, Anke: Männlich-Weiblich, Die Entstehung der Geschlechtsunterschiede, Reinbek 1975 (englisch Baltimore 1972)

Moss, Howard A.: Early sex differences and mother-infant interaction, in: *Friedman* u.a. (Hrsg.): Sex Differences in Behavior, New York 1974

Muller, Robert/*Goldberg,* Susan: Why William doesn't want a doll: Preschoolers' expectations of adult behavior toward girls and boys, in: Merrill-Palmer Quarterly, 26 (1980), S. 259-69

Nash, Sharon C.: The relationship among sex-role stereotyping, sex-role preferences, and the sex difference in spatial visualization, in: Sex Roles, 1 (1975), S. 15-32

Nash, Sharon C.: Sex role as a mediator of intellectual functioning, in: *Wittig/Petersen* (Hrsg.): Sex-Related Differences in Cognitive Functioning, New York 1979

Newson, John/*Newson,* Elizabeth: Seven Years Old in the Home Environment, London 1979

Newson, John & Elizabeth u.a.: Perspectives in sex-role stereotyping, in: *Chetwynd/ Hartnett* (Hrsg.): The Sex Role System, London 1978

Oakley, Ann: Soziologie der Hausarbeit, Frankfurt 1978

Oakley, Ann: Women Confined, Towards a Sociology of Childbirth, Oxford 1980

Oakley, Ann: Subject Women, New York 1981

O'Bryant, S.L. u.a.: Developmental and sex differences in occupational preferences, in: Journal of Social Psychology, 106 (1978), S. 267-72

O'Connell, Agnes: The social origins of gender, in: *Unger,* R.: Female and Male, New York 1979

Ortner, Sherry: Is female to male as nature is to culture? in: *Rosaldo,* M./*Lanphere,* L. (Hrsg.): Women, Culture and Society, Standford 1974

Ortner, Sherry/*Whitehead,* Harriet (Hrsg.): Sexual Meanings, The Cultural Construction of Gender and Sexuality, New York 1981

Ottomeyer, Klaus: Gesellschaftstheorien in der Sozialisationsforschung, in: *Hurrelmann,*K./ *Ulich,* D. (Hrsg.): Handbuch der Sozialisationsforschung, Weinheim 1980

Parlee, Mary B.: Review essay psychology, in: Signs, 1 (1975), S. 119-38

Parlee, Mary B.: Psychology and women, review essay, in: Signs, 5 (1979), S. 121-33

Perry, David G./*Bussey,* Kay: The social learning theory of sex differences: imitation is alive and well, in: Journal of Personality and Social Psychology, 37 (1979), S. 1699-1712

Pfitzner, W.: Der Einfluß der sozialen Schichtung und der Konfession auf die anthropologischen Charaktere, in: Zeitschrift für Morphologie und Anthropologie, 4 (1902), S. 31-98

Reppucci, N. Dickon: Parental education, sex differences and performance on cognitive tasks among two-year-old children, in: Developmental Psychology, 4 (1971)', S. 248-53

Rheingold, R.D./*Cook,* K.V.: The contents of boys' and girls' rooms as an index of parents' behavior, in: Child Development, 46 (1975), S. 459-63

Romer, Nancy/*Cherry,* Debra: Ethnic and social class differences in children's sex-role concepts, in: Sex Roles, 6 (1980), S. 245-64

Rosen, Alexander/*Rekers,* George: Toward a taxonomic framework for variables of sex and gender, in: Genetic Psychology Monographs, 102 (1980), S. 191-218

Rowan, John: Psychic celibacy in men, in: *Hartnett,* O. u.a. (Hrsg.): Sex-Role Stereotyping, London 1979

Rubin, Jeffrey Z. u.a.: The eye of the beholder, Parents' views on sex of newborns, in: American Journal of Orthopsychiatry, 44 (1974), S. 512-519

Rush, Florence: Das bestgehütete Geheimnis, sexueller Kindesmißbrauch, Berlin 1982

Rudolph, Wolfgang: Geschlechterrollen im Kulturvergleich, in: *Bischof/Preuschoft* (Hrsg.): Geschlechterunterschiede Entstehung und Entwicklung, München 1980

Savier, Monika/*Wildt,* Carola: Mädchen zwischen Anpassung und Widerstand, München 1978

Schau, Candace G. u.a.: The relationship of parental expectations and preschool children's verbal sex typing to their sex-typed toy play behavior, in: Child Development, 51 (1980), S. 266-70

Schenk, Herrad: Geschlechtsrollenwandel und Sexismus, Zur Sozialpsychologie geschlechtsspezifischen Verhaltens, Weinheim 1979

Scheu, Ursula: Wir werden nicht als Mädchen geboren — wir werden dazu gemacht, Frankfurt 1977

Schultz, Dagmar: „Ein Mädchen ist fast so gut wie ein Junge", Sexismus in der Erziehung, 2 Bände, Berlin 1978

Sears, Pauline/*Feldman,* David: Teacher interactions with boys and with girls (1966), in: *Stacey* u.a. (Hrsg.): And Jill Came Tumbling After, New York 1974

Seavey, Carol/*Katz,* Phyllis u.a.: Baby X, The effects of gender labels on adult responses to infants, in: Sex Roles, 1 (1975), S. 103-10

Seegmiller, Bonni R.: Sex-typed behavior in preschoolers: Sex, age and social class effects, in: Journal of Psychology, 104 (1980), S. 31-33

Seegmiller, Bonni R./*Dunivant,* Noel: A comparison of two methods of measuring sex-role differentiation in preschoolers, in: Journal of Psychology, 108 (1981), S. 137-47

Segal, Jonathan: Age of infants and parental sex-role perceptions, in: Journal of Psychology, 107 (1981), S. 267-72

Seidler, Horst: Zur Kontroverse über Erb- und Umweltfaktoren der Intelligenz: Humanbiologische Aspekte, in: Zeitschrift für Differentielle und Diagnostische Psychologie, (1981), S. 157-87

Senator für Gesundheit, Soziales und Familie: Bericht über die Situation der Frauen in Berlin, Berlin 1981 (zitiert als *Frauenbericht*)

Serbin, Lisa A./*O'Leary,* K.D.: How nursery schools teach girls to shut up, in: Psychology Today, 9/7 (1975), S. 56-7, S. 102-3

Seward, John P./*Seward,* Georgene H.: Sex Differences, Mental and Temperamental, Lexington 1980

Sharpe, Sue: 'Just Like a Girl", How Girls Learn to be Women, Harmondsworth 1976

Sherif, Carolyn Wood: Bias in psychology, in: *Sherman,* J./*Beck,* E.T.: The Prism of Sex, Madison 1979

Sherman, Julia A.: „The Psychology of Sex Differences", Book review, in: Sex Roles, 1 (1975), S. 297-301

Sherman, Julia A.: Sex-Related Cognitive Differences, An Essay on Theory and Evidence, Springfield 1978

Sherman, Julia/*Beck,* Evelyn T. (Hrsg.): The Prism of Sex, Essays in the Sociology of Knowledge, Madison 1979

Sichtermann, Barbara: Vorsicht Kind, Eine Arbeitsplatzbeschreibung für Mütter, Väter und andere, Berlin 1982

Smith, Dorothy: Women, the family and corporate capitalism, in: Berkeley Journal of Sociology, 20 (1975-76), S. 55-89

Spence, Janet T./*Helmreich,* Robert L.: Masculinity and Femininity: Their Psychological Dimensions, Correlates and Antecedents, Austin 1978

Stacey, Judith u.a. (Hrsg.): And Jill Came Tumbling After, Sexism in American Education, New York 1974

Tanner, Nancy/*Zihlmann,* Adrienne: Women in evolution, part I: innovation and selection in human origins, in: Signs, 1 (1976), S. 585-608

Tavris, Carol/*Offir,* Carole: The Longest War, Sex Differences in Perspective, New York 1977

Tauber, Margaret A.: Parental socialization techniques and sex differences in children's play, in: Child Development, 50 (1979), S. 225-34

Theweleit, Klaus: Männerphantasien, Bd. 1: Frauen, Fluten, Körper, Geschichte, Frankfurt 1977; Bd. 2: Männerkörper, Zur Psychoanalyse des weißen Terrors, Frankfurt 1978

Tieger, Todd: On the biological basis of sex differences in aggression, in: Child Development, 51 (1980), S. 943-63

Unger, Rhoda K.: Female and Male, Sex and Gender, New York 1979

Urberg, Kathryn/*Labouvie-Vief,* Gisela: Conceptualizations of sex roles: a life span developmental study, in: Developmental Psychology, 12 (1976), S. 15-23

Vandenburg, Steven G./*Kuse,* Allan R.: Spatial ability, A critical review of the sex-linked major gene hypothesis, in: *Wittig, M./Petersen,* A. (Hrsg.): Sex-Related Differences in Cognitive Functioning, New York 1979

Vaughan, Joan E./*Fischer,* Virginia L.: The effect of traditional and cross-sex role modeling on children's sex-role attitudes and behaviors, in: Journal of Psychology, 107 (1981), S. 253-60

Viaene, Nicole: Sex differences in explanations of success and failure, in: *Hartnett* u.a. (Hrsg.): Sex-Role Stereotyping, London 1979

Waber, Deborah: Cognitive abilities and sex-related variations in the maturation of cerebral cortex functions, in: *Wittig/Petersen* (Hrsg.): Sex-Related Differences in Cognitive Functioning, New York 1979

Walker, Lenore: The Battered Woman, New York 1979

Weininger, Otto: Geschlecht und Charakter (1903), Nachdruck München 1980

Weitzman, Lenore: Sex-role socialization, in: *Freeman,* Jo (Hrsg.): Women, A Feminist Perspective, Palo Alto 1979

Wellner, Uli/*Brodda,* Klaus: Zur Biologie der Geschlechtsdifferenzierung, in: *Keller,* H. (Hrsg.): Geschlechtsunterschiede, Weinheim 1979

Williams, John E. u.a.: Awareness and expression of sex stereotypes in young children, in: Developmental Psychology, 11 (1975), S. 635-42

Williams, John E. u.a.: Traits associated with men and women, attribution by young children in France, Germany, Norway, the Netherlands and Italy, in: Journal of Cross-Cultural Psychology, 12 (1981), S. 327-46

Willis, Paul: Learning to Labor, How Working Class Kids Get Working Class Jobs, New York 1977

Wintermantel, Margret: Geschlechtstypische Unterschiede im Sprachverhalten, in: *Keller,* H. (Hrsg.): Geschlechtsunterschiede, Weinheim 1979

Witkin, Herman A. u.a.: Psychological Differentiation. New York 1962

Witkin, Herman A.: Socialization, culture and ecology in the development of group and sex differences in cognitive style, in: Human Development, 22 (1979), S. 358-72

Wittig, Michele/*Petersen,* Anne (Hrsg.): Sex-Related Differences in Cognitive Functioning: Developmental Bases, New York 1979

Worell, Judith: Sex roles and psychological well-being: perspectives on methodology, in: Journal of Consulting and Clinical Psychology, 46 (1978), S. 777-91

Yarborough, B.H./*Johnson,* R.A.: A six-year study of sex differences in intellectual functioning, reading-language arts achievement, and affective development, in: Journal of Psychology, 106 (1980), S. 55-62

Zihlman, Adrienne L.: Women and evolution, part II: Subsistence and social organization among early hominids, in: Signs, 4 (1978), S. 4-20